좋은 일이 생길 거에요

우리에게 그랬더라면은 없다

이 화 지음

Prologue

친아버지에게 성폭행을 당했습니다.

이 악몽은 무려 4년 동안 계속 되었어요.

앞이 '캄캄하다'거나 '죽고 싶다'는 말 정도로는 감히 제 기분을 전부 표현할 수 없었습니다.

살아 있는 것 자체가 고통이었던 지난 10년이었습니다. 저의 20대는 응급실, 자살시도, 정신과 진료, 병동 입원, 자해충동, 약물치료 등의 단어로 얼룩졌습니다. 그럼에도 불구하고, 오늘부터 제 자신을 '생존자'로 부르기로 결심했습니다. '생존자'란 그야말로 어려운 상황을 극복하고 살아남은 사람을 의미합니다.

이 책을 통해 성폭력과 같은 성범죄로 인한 고통을 겪는 많은 이들에게 제가 살아남은 이야기를 나누고자 합니다. 저는 여전히 숨을 쉬고 있습니다. 분명 살아있는 생존자입니다. 이제 저의 지난 10년간의 생존 이야기를 당신과 나누며 이 긴 여정의 첫 장을 열려고 합니다. 혹여나 이 글을 읽으면서 트라우마로 인해 재경험을 느끼거나 우울이나 불안의 감정이 올라와 힘들 다면 언제든 책을 덮으셔도 됩니다. 그리고는 4,5장의 글을 먼저 읽어 보시는 것도 도움이 되지 않을까 생각합니다.

집채만 한 파도 위에서 서핑 하는 서퍼들을 보신 적 있나요? 그들이 손잡이나 안전벨트 없이 두 발로 서서 파도를 가로지르는 장면은 정말 인상적입니다. 물론, 그들이 매번 완벽하게 멋있는 것은 아닙니다. 때로는 수십 번 넘어져야만 겨우 하나의 파도를 멋지게 넘길 수 있죠. 이 모습은 우리 생존자들의 삶과 많이 닮았습니다. 보드 위에 바로 서는 것은 우리가 세상을 정면으로 마주하며 살아가는 모습을 보여주고, 수차례 파도에 부딪혀 넘어지며 다시 일어서기를 반복하는 것은 우리가 겪는 시련과 고통에 무너지는 순간에도 다시 고개를 드는 모습들을 연상시킵니다. 하지만 서퍼와 생존자의 차이가 존재합니다. 생존자인 이제 우리는 서핑을 멈출 수 없다는 것입니다. 우리는 계속해서 무너짐을 각오하고 파도를 넘어서야만 합니다.

불안이나 우울을 겪을 땐, 단순히 기분이 조금 안 좋은 정도를 넘어섭니다.

겪어보지 않은 사람들은 상상조차 할 수 없는 복잡하고 어이없는 증상들이 나타나지요. 눈을 마주치고 대화하는 일조차 버거워지고, 안절부절 못해 제자리를 맴도는 경우도 많지요. 어떤 이들은 고통의 트라우마가 머릿속에서 끊임없이 재경험으로 떠오르며, 눈물과 고함으로 밤을 지새우기도 합니다. 기본적인 안부인사도, '고맙다', '미안하다'와 같은 감사의 말들도 적절히 표현하기 어렵죠. 이로 인해 주변으로부터 불필요한 오해를 받기도 합니다. (고마움이나 미안함이 없는 건 전혀 아닌데도 입 밖으로 내뱉는 것조차 쉽지 않은 정서상태일 뿐인걸요.)

많은 분들이 이러한 감정을 극복하기 위해 노력 중일 겁니다. 저 또한 그랬습니다. 불안과 우울, 쉴 새 없이 찾아오는 트라우마의 고통 속에서 수없이 넘어졌습니다. 그리고 지금도, 이 모든 감정을 극복하고 당당히 일어서기 위해 수십 번도 더 넘어지면서 다시 일어서기 위해 계속해서 노력하고 있습니다.

대부분의 구경하는 사람들은 서퍼가 파도를 타고 보드 위에 당당하고 멋있게 서 있는 모습만 볼 수 있습니다. 하지만 실제로 서퍼들을 안전을 위해 다리에 '리쉬코드'라는 줄을 매어 보드에 연결합니다. 멀리서 보기엔 이 줄이 잘 보이지 않지만, 서퍼가 파도에 쓰러져 바다에 빠졌을 때 다시 보드로 돌아올 수 있도록 돕는 중요한 안전장치입니다.

우리 인생에서도 비슷한 '리쉬코드'가 필요합니다. 불안이나 슬픔에 휩싸였을 때, 우리를 다시 안정된 상태로 돌아오게 해주는 지원체계를 의미하지요. 저에게는 저를 무한히 사랑하는 남편, 그리고 친정과도 같은 작가님이 그 역할을 합니다.

여러분에게는 어떤 '리쉬코드'가 있나요? 어떤 지원이나 관계가 여러분을 지탱해 주는 힘이 되나요? 이를 알고, 필요할 때 의지할 수 있다는 것은 무엇보다 큰 힘이 됩니다.

  수없이 넘어지고 슬퍼하며, 아파하고 다시 일어서기를 수천 번, 수만 번 반복하는 우리 생존자들은 자신만의 안전장치를 찾아야 합니다. 이 책에는 다양한 제 경험에서 우러나온 리쉬코드들이 담겨 있습니다. 여러분도 이 중에서 자신에게 맞는 장치를 찾아보시기 바랍니다. 끊임없는 도전 속에서 다양한 감정을 경험하며 의연해지는 자신을 발견할 수 있을 겁입니다. 혹여나 이 책을 다 읽고도 그대에게 리쉬코드가 없다면 기꺼이 당신의 안전장치가 되어 드릴게요.

  아, 물론 저도 초보 서퍼이지만, 이제는 꽤 많이 의연해지고 있습니다. 가령, 제 입으로 "오늘 내가 너무 행복하다." 라고 말할 수 있을 정도니까요. 그런 날이 여러분들에게도 곧 찾아올 것이라고 확신합니다.

  모든 생존자들의 회복을 넘어서 행복을 기원하며, 이제 담담한 마음으로 제 이야기를 시작하도록 하겠습니다.

CONTENTS

Prologue — 2

아빠가 사라졌으면 좋겠다고 생각했다 — 10

- 아빠를 가장 존경하는 딸 — 11
- 말 없는 아이 — 15
- 중졸 인생 — 20
- 꿈이었으면 했다 — 25
- 독립을 준비하는 시간 — 30
- 동네 정신과를 다 뒤졌다 — 33
- 아빠는 그러면 안 되는 거였잖아 — 38

▍가해자는 하나가 아니었다　　　　　　　　　　　　44

착한아이 콤플렉스에 빠진 나　　　　　　　　　　　45
아빠는 교사였다　　　　　　　　　　　　　　　　50
엄마는 그저 웃으며 행복해했다　　　　　　　　　55
엄마가 있으니까 이제 괜찮아　　　　　　　　　　60
정신병동에 입원하세요　　　　　　　　　　　　　64
팔다리가 묶이다　　　　　　　　　　　　　　　　67
서로는 괜찮지 않았다　　　　　　　　　　　　　　71
동생에게 한없이 미안했다　　　　　　　　　　　　74

나를 일으켜준 사람들 78

그냥 그녀가 좋았다 79

미친 친구들이 나를 살렸다 85

천사 같은 남편 89

죽는다면 오늘이 딱 이네 94

이혼을 각오하다 100

오빤 앞으로도 나랑 살 거야? 104

친정엄마 같은 작가님을 만나다 108

생존자의 기술 114

깊은 내면의 탐색 115

엄마라는 새로운 이름표를 달다 120

사람의 진심은 치유를 가져다준다 124

희망을 폐기하다 127

당당히 보상을 요구하라 132

신은 어떠한 순간에도 우리를 포기하지 않는다 139

같은 상처를 가진 그대에게 전하는 위로   144

   우리에겐 아무 잘못이 없다   145

   생존자의 필수 아이템   150

   당연히 또 넘어질 수 있다   154

   Pay It Forward   161

   자살 시도를 하면 안 되는 분명한 이유들   166

   받지 못한 사랑을 주는 사람   173

   잠시 쉬어가도 괜찮아   177

   우리에게 그랬더라면은 없다   181

   슬픔에서 벗어날 유일한 힘   185

   감정에 의연해져라   190

   생존자에게 묻다   194

Epilogue   200

아빠가
사라졌으면
좋겠다고
생각했다

아빠를 가장 존경하는 딸

　대학교 1학년의 겨울방학동안 필리핀으로 어학연수를 떠난 나는 습습한 공기와 이슬 머금은 풀냄새, 마치 옅은 물안개 디퓨저를 꽂아놓은 듯 교실에서 수업을 듣고 있었다. 그 때, 원어민 선생님이 우리에게 물었다.
　"가장 존경하는 인물은 누구인가요?"
　같은 반 학생들은 미국 대통령부터 유명한 축구선수, 역사 속 위인들까지 다양한 답변을 내놨다. 드디어 내 차례가 되었을 때, 나는 자신 있게 말했다.
　"저는 아빠를 가장 존경해요."

손흥민을 가장 존경한다는 한 친구가 킥킥거리며 내 답변을 비웃었지만, 나는 전혀 부끄럽지 않았다. 오히려 자부심을 느꼈다. 쉬는 시간 아빠에게 문자를 보냈다.

"아빠, 방금 선생님이 수업에서 '가장 존경하는 인물이 누구냐고' 물었는데, 나는 아빠라고 답했어요. 친구들이 대학생이면서 아직도 아빠라고 대답한다고 웃었어요. 하지만 나는 누구보다 아빠를 닮고 싶고 가장 존경한다고 당당히 말했답니다. 딸 대답을 어떻게 생각하세요? 부장 선생님?"

잠시 후, 아빠의 답장이 왔다.

"그래. 좋네."

짧고 간결한 아빠의 답변에 힘이 쭉 빠졌다. 어쩌면 '아빠가 참 대단한 사람인 거 내가 누구보다 잘 알아. 내가 힘들고 어려운 순간마다 아빠가 있어 정말 큰 힘이 되었어. 이렇게까지 딸을 많이 사랑해 주고 키워줘서 고마워.'라고 감사하고 싶었는지 모른다. 심드렁한 아빠의 답변에 실망이 몰려왔지만, 이내 필리핀의 묵직하고 매캐한 더운 공기를 즐기기로 마음먹었다. 늦은 오후, 친구들과 지프니에 올라타 달콤한 망고주스를 마시러 갔다. 콧노래가 절로 흘러나왔다.

시간이 지나 어느 날, 우연히 아빠의 핸드폰 사진첩을 보게 되었다. 내가 아빠를 자랑했다던 그 문자를 캡처해 저장해 놓은 것을 발견했다. 아빠도 내 문자에 내심 기뻤나 보다. 성인이 되면서 서로를 이해하고 응원할 일들은 더 많아졌다. 아빠는 고등학교 선생님이셨고, 나는 아빠의 뒤를 이어 사범대학에 입학해 교직 경험을 쌓으며 아빠의 조언을 힘입어 나아갔다. 때로는 오랜 교직생활로 지친 아빠의 마음을 맥주 한 캔으로 위로 해주기도 했다. 나는 늘 조용히 아빠의 이야기를 듣고 고개를 끄덕이며, 아빠가 내쉬는 한숨에 마음이 아팠다. 1시간가량 학교사람들에 대한 실망을 토로하고 나면 아무 일도 없었다는 듯이 환하게 웃으며 우리 두 사람의 이야기로 자연스럽게 넘어갔다. 대학 생활을 열심히 하는 모습을 칭찬하고, 새로운 도전에 두려움 없이 뛰어드는 나의 모습을 응원해 주면서 내 자존감을 크게 끌어올려주셨다. 그 한마디 칭찬이 일주일을 버티는 힘의 원천이 되었다. 맥주 한 캔과 과자 한 봉지로도 그렇게 편안하고 안정적인 기분을 느낄 수 있다는 것에 감사했다. 아빠는 내게 완전한 편이자 신뢰할 수 있는 유일한 사람이었다. 무의식적으로 아빠를 닮아가고 있음을 느끼며, 존경하는 사람을 닮아간다는 그 사실이 좋았다.

반면에 성인이 된 나를 정서적으로 독립시키지 못했던 엄마는 아빠와 내가 자주 소통하며 공감대를 형성하는 모습에 외로움을 느끼셨다. 엄마와는 싸우는 일이 잦아지고, 나의 상황을 이해하기보다는 엄마의 입장만을 강하게 주장하셔서 대화를 피하는 경우가 더 많아졌다. 엄마의 주장은 논리적이지 않아 보여 이성적으로 대응하기 어려웠고, 대신 짜증만 쌓여갔다. 갱년기를 겪고 계신 엄마의 서러움을 감당하기에는 대학생인 나로서는 버거웠다. 엄마의 불만을 이해하고 받아들이기보다는 고등학교 때 경험하지 못한 것들을 대학에서 맘껏 누리려는 나만의 이기적인 보상심리가 컸을지도 모른다. 미안하지만 나는 나를 위해 희생했던 엄마를 달래기보단 내가 희생했던 지난 세월을 스무 살 부터 당당히 보상받고 싶은 마음이 더 컸다. 그랬기에 아빠는 나에게 큰 의미인 인물이었다. 아빠의 칭찬과 공감 덕분에 내가 있었고, 아빠 인정 덕분에 웃을 수 있었다. 아빠가 없었다면 오늘의 내가 있을 수 없었을 것이라고 확신했다. 대학 1학년 3월은 내 인생에서 가장 찬란하고 따듯한 봄날이었다.

이듬해 여름, 아빠가 세상에서 사라졌으면 좋겠다는 생각이 들 줄 누가 알았겠는가.

말 없는 아이

엄마에게 전해들은 아주 어릴 적 나의 이야기이다. 내가 두 돌 정도 되었을 때, 평소 잘 보지 않던 이모가 우리 집에 놀러 왔다. 어린 나에게 이모는 상대적으로 낯선 사람이었다. 아마도 낯을 가렸던 것 같다. 이모가 집에 머물렀던 일주일 동안 나는 단 한마디도 하지 않았다. 그것이 모든 것의 시작이었다. 단순한 낯가림이라고 하기에는 그 정도가 심했고, 언어능력과는 무관하게 아무 말도 하지 않았다.

시간이 지나 엄마에게 죽도록 혼났던 기억을 되돌아보면, 그 모든 것이 다 '말' 때문이었다. 나에게 무슨 일이 일어났는지, 내가 어떤 생각을 하고 있는지, 나는 도무지 입을 열지 않았다. 혼날 일을 해서 무언가를 숨기고자 말을 아낀 것도 아니었다. 엄마가 내 의견을 물을 때도, 누군가가 질문을 할 때도, 나는 고개를 푹 숙이고 입을 굳게 다물었다. 이런 반복적인 행동에 엄마의 화는 종종 머리끝까지 치솟아 나를 쥐 잡듯 혼냈다.

"말해, 말하라고!"

초등학교 3학년 어느 날, 엄마는 주방 서랍에서 반죽 밀대를 꺼내 들고 마치 때릴 듯이 겁을 줬다. 큰 소리로 악을 쓰며 소리치던 엄마의 모습이 아직도 생생하다.

나는 감정과 생각을 스스로 정리하고 인지하는 데 시간이 많이 걸리는 사람이었다. 최근에야 나도 내가 그런 성향의 사람임을 알게 되었다. 그 전까지는 자신이 제대로 말을 하지 못하는 문제 있는 사람이라고 생각했었다. 그게 너무 부담이 되고 스스로도 걱정이 되었기 때문일까? 머릿속으로는 논리정연하고 자신감 있게 말을 잘하는 나의 모습을 자주 상상하곤 했었다. 현실과 다르다는 괴리감에 늘 어깨가 축 쳐져 고개를 푹 숙이곤 했다.
과연 엄마는 내가 그런 특성을 가진 사람인 줄 몰랐을까, 아니면 받아들이지 못했을까?

말을 하지 않는 것이 단순한 성향이라고 볼 수도 있겠지만, 그 성향이 내 건강에 심각한 문제를 일으켰다. 심리적인 스트레스와 작은 불편함조차 말로 표현하지 않아 10대 시절 정신적인 병을 앓게 되었다. 때로는 이유 없이 쓰러지기도 했다. 깜짝 놀란 엄마는 온 동네 병원을 돌며 내 증상의 원인을 찾기 위해 애썼고, 결국 서울대학교병원까지 올라갔다. 어지러움 및 실신과 관련한 온갖 검사를 다한 후 마지막으로 정신과 상담을 진행했다. 상담결과, 선생님은 잠시 외부 스트레스로부터 격리하며 휴식을 취할 것을 권장했다. 어린 나에게 정신과 병동 입원이라니, 온 가족은 그 사실을 받아들이기 싫어서 짐을 싸고 집으로 돌아왔다. 가족 모두 나에게 정신병 같은 건 없다며 큰 소리 쳤다. 그러나 상황은 달라지지 않았고, 내 증상은 갈수록 심해졌다. 엄마는 나를 불쌍히 여기면서 친절히 대하다가도, 어느 날은 갑자기 이 악물고 공부를 더 많이 시키기도 했다. 나를 아픈 사람으로 학교도 못 다니고 살아갈까봐 겁이 났던 걸까? 아니면 아픈 와중에도 내가 뒤처지는 게 싫었던 걸까? 우리엄마는 참으로 지독했다.

시간이 흘러도 난 여전히 학교에서 이유 없이 쓰러졌고, 학교에서 나의 위치는 점점 깍두기 신세가 되어갔다. 간질(뇌전증)의 약한 증상일지도 모른다는 지역 내 의사의 진단으로 애꿎은 간질약만 먹으며 증상을 지속시켰다.

1년이라는 시간이 흘렀다. 희망을 가진 것과 달리 조금도 나아질 기미가 없자, 우리 가족은 결국 그때 만났던 서울대병원 의사의 말을 따르기로 했다. 정신과 상담 치료를 받기로 한 것이다. 내 병의 원인은 말을 하지 않는 것이었고, 그 원인을 추측해보건대 엄마로부터 느끼는 심리적 불편함 때문이었을지도 모른다. 다른 사람들과는 문제없이 소통했지만, 엄마 앞에서는 말하기가 어렵고 두려웠다. 이러한 원인이 인지하고 나서 정신과 약을 복용하기 시작했다. 이 약들은 나를 평안하고 안정적으로 만들어주었지만, 동시에 나를 멍청하고 바보 같게도 만들었다. 내가 하는 말이 옳은지 그른지도 구분하기 어려울 정도로 나는 다른 사람이 되어버렸다.

사실 돌이켜보면, 내 생각과 감정을 표현하는 방법을 약물치료와 함께 병행했으면 훨씬 더 경과가 좋았을 텐데 하는 아쉬움도 있다.

'엄마가 그렇게 나를 무시하듯 말하면 내 마음이 서운해'
'엄마가 못 봐서 이해가 안 되겠지만, 동생이 먼저 나를 힘들게 했어. 내 입장도 이해해 줘'
'엄마가 권하고 싶은 건 알겠지만, 나는 아직 생각이 좀 더 필요해. 나에게 생각할 시간을 줘'
이런 말들을 배우지 못해 서른이 넘은 이제야 배워나가며 사회에 스며들고 있다.

지금 생각해보면 엄마에게 강압적이지 않으면서 나를 존중하는 말을 듣고 싶었다.

'우리 딸이 이걸 해보는 건 어때? 잘할 수 있을 것 같은데.'

'하기 싫으면 그만해도 괜찮아. 지금까지도 충분히 잘했어.'

'엄마가 보기엔 별로인 거 같아. 네 선택이지만 이러한 단점도 고려했으면 좋겠어.'

사실 이런 대화였다면 좀 덜 반항적이었을까?

하지만 대부분 우리 엄마의 말은 "해" "싫으면 때려치워" "안 돼" 뿐이었다.

그런 엄마에게 난 아무 말도 할 수 없었다.

약물치료를 하며 증상은 완화되었지만, 여전히 삶은 말할 수 없는 것들로 넘쳐나고 있었다. 엄마는 무섭고 학교는 두려웠다. 사람들은 이런 나를 답답해했고, 더 이상 정상인 노릇을 해 나갈 자신이 없었다.

내 나이 고작 14살이었다.

중졸 인생

 교복을 입은 중학생이 되어 일 년에 네 번의 시험과 끊임없는 수행평가, 새로운 학교에서 친구를 사귀어야 하는 부담감은 나를 수렁 속으로 몰아넣기에 충분한 것들이었다. 나의 질병은 마음이 힘들면 몸에 증상이 나타난다고 했는데 정말 그랬다. 또 다시 가끔씩 학교에서 아무 이유 없이 쓰러지기 시작했다.

 첫 실신 후, 친구들은 나를 둘러싸고 구경하며, 누군가가 나를 업고 보건실로 데려갔다. 이따금 나타나는 증상은 학년이 올라갈수록 더 심해졌고, 급기야 교감 선생님이 부모님을 학교로 불렀다. 나는 학교를 끝까지 다녀 졸업하고 싶어 했지만 교사인 아빠는 교감 선생님의 난감함도 충분히 이해해야 했다. 혹여 학교에서 사고가 생기면 그땐 정말 큰 문제가 될 수 있기 때문이다. 아빠는 모든 마음을 먹고 학교에 찾아갔고 내가 학교에서 혹여 질병으로 인해 안전 문제가 생기더라도 학교에 아무 문제를 제기하지 않겠다는 각서를 썼다. 그런 각서를 쓰게 만든 교감 선생님이 어찌나 싫던지 나쁜 사람이라고 생각했다.

3학년이 되면서 내 증상은 수련회에서도 나타났고, 급기야 학교엘 가지 못하는 상황이 발생했다. 겨우 시험을 치르고 겨우 수행평가를 마쳤다. 졸업사진을 찍을 때만 학교에 가고 신체검사를 할 때만 등교했다. 어느 순간 교실의 내 책상은 그저 아이들의 짐 보관함으로 변해있었고, 나는 이미 교실에서 없는 존재가 되어버렸다. 내 이름을 모르는 학생도 있었을 것이다.

3학년 2학기가 되자 고등학교 원서를 넣을 시기가 되었다. 모두가 바쁘게 준비하고 면접을 보느라 분주한 가운데, 나는 큰 고민에 빠졌다. 일 년에 네 번의 시험, 수행평가, 친구 없는 학교생활이 이미 이토록 힘겨운데, 야간자율학습에 모의고사, 내신 관리에 출석 관리까지 해야 하는 고등학교 생활을 내가 과연 잘 버틸 수 있을까? 생각만 해도 두려웠다. 나는 몇 날 며칠을 혼자 고민했다.

주말 가족 식사 후 식탁에서 수박을 먹으며 나는 말을 꺼냈다.
"아빠, 나 검정고시 치는 건 어때?"

아빠와 엄마는 나를 지긋이 쳐다보고는 한동안 말이 없었다. 그 사이 아빠가 조심스럽게 입을 열었다.

"검정고시를 치고 싶은 이유가 뭔데?"

"출결도 지금처럼 다니면 엉망이 될 거고, 모의고사에 내신 관리까지 지금보다 더 빡셀 테고…. 계속 학교 못 나가면 내신 성적 별로인 거 뻔 하잖아. 게다가 이렇게 학교도 자주 못 나가면 친구도 없고 이젠 아마 내 책상도 사라질지도 몰라."

"계획은 있니?"

"검정고시는 졸업, 또는 자퇴 후 6개월이 지나야 시험을 칠 수 있대. 지금 졸업하고 진학을 안 하면 내년 8월에 시험을 치를 수 있고, 입학을 했다가 자퇴하면 그다음 해에 시험을 치를 수 있어. 시험은 1년에 두 번이고 합격하면 바로 졸업이야. 그해 수능도 볼 수 있대."

나름으로 열심히 알아봤고 아빠를 설득할 만한 내용들도 많이 공부해 갔다. 고등학생 1학년 때 연습 삼아 수능을 볼 수 있다는 매력과 고등학교 1학년 때 고졸 시험에 합격하겠다는 나의 계획은 아빠를 설득하기에 충분했다. 그리고 나 또한 고등학생 시절을 그렇게 노력해서 지금보단 좀 더 빛나는 대학 생활을 맞이하고 싶었다.

"그래, 그럼, 네가 준비되면 바로 공부 시작해 봐"

아빠는 나의 제안에 동의해 주었고, 고등학교 교사의 자녀가 고등학교에 진학하지 않는 것에 대해 깊이 이해해 주었다.

중학교 졸업 후 중졸 인생이 시작되었다. 친구들로부터 듣는 정보도 없고, 고등학생들의 분위기를 모르니 점점 또래들로부터 소외감을 느꼈다. 친구들이 교복을 입고 학교에 갈 때, 나는 운동복을 입고 같은 횡단보도에 서서 신호등을 기다리며 도서관으로 향했다. 점점 그들과 내가 다름이 느껴졌다. 괜히 단정하고 예쁜 교복을 입은 친구들 옆에서 내 모습이 초라하게 느껴졌다. 그런 나에게 아빠가 준 해결책은 단순했다.

"네가 말했잖아. 첫해에 시험에 합격하면 친구들은 재학생인데 넌 졸업생이 되는 거야."

그 말은 꽤 솔깃했고 중3 겨울방학부터 열심히 공부했다. 모르는 문제나 개념은 아빠에게 물어보면 아빠가 막힘없이 설명해 주었다. 수학이라도 아빠는 열심히 공부해서 다시 나에게 설명해 주었다. 그때 아빠가 정말로 슈퍼맨 같았다는 생각을 했다. 나중에 알게 된 사실이지만, 아빠는 내가 잠든 후에도 어떻게 수학을 설명해 줘야할지 수없이 고민하며 공부했다고 한다. 공부뿐 아니라 고등학교에 다니지 않아서 느낄지도 모르는 외로움을 걱정하며, 나를 데리고 일본 여행을 가기도 했다. 친구들의 제주도 수학여행처럼 난 아빠와 일본 여행을 함께 했다. 태어나 처음 나가는 외국이라 길거리를 달리는 조그마한 자동차들조차 신기하게 보였다. 아빠는 여행 동안 20대를 어떻게 살고 싶은지, 무엇을 좋아하는 지 등을 상세히 물어보며 나에게 더 알맞은 조력자가 되려고 노력하셨다. 우리 둘 다 일본어를 전혀 할 줄 몰랐지만, 아빠가 옆에 있어 든든하고 안심이 되었다.

아빠는 진정 대단한 사람이었다. 경력이 30년이 넘어서도 매번 방학이면 교재를 집으로 챙겨와 수업 준비를 성실하게 하셨다. 언제나 맡은 동아리에 대한 애정을 보이며 새로운 동아리 지원사업을 기획하여 지원금을 받기도 했다. 우수한 결과물로 지도 교사상을 수상하기도 했다. 맡은 자리에서 주변의 시선을 의식하지 않고 자신의 소신과 가치관에 따라 묵묵히 그 길을 가며 학생들의 성장을 돕는 진정한 교사였다. 집에서 또한 엄마의 하소연과 불편함을 들어주고 부드럽게 위로해 줄 뿐 아니라 동생과 나에게는 모든 앞길을 거부감 들지 않게 제시해 주는 내비게이터였다.

아빠 없이 나의 20대 인생을 그린다는 건 상상할 수도 없을 만큼 아빠를 신뢰하고 존경했다.

그런 아빠가 괴물이 되었다.

꿈이었으면 했다

아빠는 나를 성폭행했다. 처음 아빠가 내 몸에 손을 댄 곳은 거실 소파 앞 돌장판 위였다. 추운 겨울 따뜻한 돌장판은 몸만 눕혀도 스르르 잠이 들었다. 소파 쪽으로 얼굴을 박고 옆으로 누워 잠이 들었다. 잠에서 깨려고 무의식에서 헤어 나올 즈음 내 등 뒤에 인기척이 느껴졌다. 살갗 냄새만 맡아봐도 알았다. 아빠였다. 아빠는 살갗 냄새도 맡을 수 있을 만큼 가까이 누워 내 가슴에 손을 얹고 나를 살짝 끌어안고 있었다. 아빠와 딸의 스킨십이라고 볼 수 없는 상황이었다. 잠에서 깼는데 어떻게 해야 할지 몰랐다.

'아빠 뭐 하는 거야?' '아빠 비켜' '아빠 나 깼어.' 무슨 말도 이 상황에 절절히 어울리는 표현이 아닌 것 같아 아무 말도 하지 못한 채 1초에 수만 가지 말을 떠올리고 있는 찰나에 현관문 도어락 여는 소리가 들렸고 동시에 아빠는 화들짝 놀라 자리를 떴다. 2살 터울 여동생이 학교를 마치고 집에 들어왔다. 그게 악마의 첫 번째 더러운 손이었다. 그게 처음이자 마지막이었다면 얼마나 좋았을까? 악마는 여기서 멈추지 않았다.

그 후로 몇 달이 흘렀다. 돌장판 사건이 꿈인가 생시인가 며칠을 고민하다가 꿈이라고 철썩 믿고 잊어버릴 즈음 주말에 과외를 하러 부모님 댁이 있는 동네로 버스를 타고 갔다. 3시간의 과외 이후 2시간 반의 공백이 있었고 다시 다음 과외가 있었다. 과외 공부를 하는 학생의 집이 우리 집에서 걸어서 갈 수 있는 가까운 거리라 집으로 들어가 잠시 쉬다 갈 계획이었다. 집에 도착하니 동생과 엄마는 한 침대에서 이미 낮잠에 빠져들었고 아빠는 침대 밑바닥에서 잠들어있었다. 나는 다녀왔다는 인사도 하지 않은 채 내 방 침대에 와서 누웠다.

마침, 따뜻한 햇볕이 침대까지 들어오는 나른한 오후였다. 분홍색 이불이 예쁜 구름 색 같았다. 알바와 학업으로 지친 나는 구름 위에 푹 뛰어들어 잠이 들었다. 잠은 동화 속 주인공이 된 것처럼 달콤했다. 하지만 동화의 끝은 까만색이었다. 잠에서 깨어보니 아빠가 나를 껴안고 함께 누워있었고 내 몸을 만지고 있었다. 눈을 뜨지 않으려고 노력하면 할수록 눈이 더 떠질 것만 같았다. 움찔거리는 몸을 티 내지 않고 싶어서 온몸은 더욱 경직되었다. 길지 않은 순간이었지만 끝이 없을 것 같은 긴 시간이 끝났다. 부엌에서 인기척이 들리자, 아빠는 급히 문을 닫고 나갔다. 베개에 머리를 처박은 채 한동안 움직일 수도, 어떤 생각도 할 수도 없었지만 생각하나가 머릿속에 콕 박혔다.

'혹시 이것도 꿈인가?'

믿을 수 없이 멍청하고 어이가 없게 들리겠지만 당시 내가 생각해 낼 수 있는 유일한 답이었다. 혹은 그렇게 믿고 싶었을지도 모른다. 왜냐하면 내 아빠니까.

다시는 그 꿈을 꾸고 싶지 않아 집엘 가지 않아야겠다고 생각했다. 그래서 당장 기숙사에 입소할 수 있는지 알아보기 시작했고 선착순으로 매일 빈자리를 찾으면 넣어준다는 소식을 들었다. 매일 아침 캠퍼스의 가장 높은 곳에 있는 기숙사까지 걸어 올라가서 대기자명단에 내 이름을 적고 내려오기를 일주일동안 했고 마침내 기숙사에 입소하게 되었다.

나에게는 아빠에게서 벗어나기 위한 기숙사 입소였는데 엄마에겐 차마 그렇게 말할 수 없었다. 고작 집에서 한 시간 거리인 학교의 기숙사에 입소하는데 우리 엄마는 눈물을 펑펑 흘렸다. 아직 딸을 정서적으로 독립시킬 준비가 되지 않은 엄마였고, 딸은 이미 고등학교 검정고시를 준비하면서부터 정서적으로 독립을 준비하고 있었다.

그런데 4월은 동생 생일이 있는 달이었다. 목요일 저녁 만나 다 함께 외식하고 우린 다 같이 집으로 갔다. 기숙사로 바로 돌아가고 싶었지만, 금요일 수업이 없다는 걸 이미 알고 있는 엄마는 집으로 함께 가는 것을 당연히 여겼다. 병신 같은 나는 강하게 나의 주장을 하지 못하고 엄마의 서운함을 방지하는 데 초점을 뒀다. 그리고 다신 그런 일이 생기지 않을 거라고 확인하고 싶은 마음도 있었다.

두 번째 사건이 있었는지 1달이 채 되지 않았다. 몇 주 뒤, 포근한 내 침대에서 낮잠을 자는 동안 똑같은 일이 또 다시 일어났다. 나는 여전히 눈을 마주치는 게 두려워 두 눈을 꼭 감고 있었다. 어깨부터 발끝까지 각목처럼 굳은 채 또다시 그 시간이 지났다. 아빠가 출근 안 하고 이 시간에 여기 왜 있지? 오후 1시인데 집에 있다고? 나한테 왜 자꾸 이러지. 아빠가 혹시 (정신적으로) 어디가 아픈 걸까? 라고 생각했다. 온갖 수만 가지 생각들이 머리를 다 휩쓸고 지나갔다. 어찌나 힘들던지 가만히 앉아서 생각만 해도 바닥에 퍼질러 쓰러질 만큼 지쳐버렸다. 그 와중에 하나 깨달은 것도 있었다. 중간고사 시험 기간이라 교사인 아빠도 일찍 퇴근한 거였다.

신고를 할까, 엄마에게 알릴까, 아빠에게 소리를 지를까, 동생에게 도움을 청할까 등등. 수많은 생각 중에 답은 없었다. 왜냐하면 내가 가장 존경하는 아버니까 어떻게 해야 할지 잘 모르겠다. 그렇지만 이제 그런 아빠를 버릴 수도, 믿을 수도 없게 되었다. 이후 집에 와야 할 일이 있을 때 마다 끊임없이 속으로 되뇌었다.

'아빠, 그땐 실수였지? 이젠 안 그럴 거잖아. 우리 가족이니까 다시 만나도 되는 거지?'

위험한 공간에서 나를 지키려는 본능보다는 가족 유지시키고 아빠를 지켜주고 싶은 내 마음이 더 컸을지도 모르겠다.

독립을 준비하는 시간

내 삶은 점점 피폐해졌다. 눈을 뜨는 시간은 아직 하늘이 깜깜한 새벽이었고 쉽사리 다시 잠에 들지 못했다. 눈을 뜨면 아빠가 내 옆에 누워있을 것만 같고 눈을 감으면 다시 눈을 뜨지 못할 것 같았다. 오밤중에 무작정 걷기 시작했다. 이 답답한 마음과 복잡한 감정을 어떻게 해소할 줄 몰라 무작정 새벽에 도로를 따라 걸었다. 버스로 한 시간 반이 걸릴 거리를 세네 시간 동안 무작정 걸었다. 목적지도 없이 끊임없이 앞만 보고 터덜터덜 걸었다. 지금 생각하면 더욱 위험한 행동이었지만 내 인생의 길이 보이지 않아 눈앞에 보이는 길이라도 걷고 싶었다. 그 당시 내 두려움과 불안함을 건강하게 해소할 방법을 몰랐고 도움을 청할 줄도 몰랐다. 그렇게 끊임없이 일주일에 두세 번은 버스가 끊긴 새벽 시간부터 동틀 때까지 무작정 걸었다. 대학교 2학년, 3학년, 4학년 겨울은 내 머리 속에서 온통 회색이었다. 어둡고 차가운 회색이었다. 그 이후 아직도 여전히 다가오는 겨울은 그 계절 자체만으로도 아주 두렵고 울적하다.

　그렇게 졸업까지 아빠의 잔인한 욕구 분출은 계속되었지만, 완전한 독립 후 끝이 났다. 그 순간을 위해 악착같이 일을 했고 돈을 모았다. 주말엔 학원 알바, 저녁엔 과외, 평일엔 근무하며 나를 채찍질했다. 수익의 80퍼센트 이상은 저금하며 바로 설 수 있는 어른이 되려고 했다. 경제적으로 부모님께 더 이상 의지할 일을 만들지 않고 싶었다. 그래야 적어도 엄마를 내 편으로 데려올 수 있을 테니까. 그런데도 내 무의식에는 엄마가 완전한 내 편이 되지 않을 거라는 불안이 있었다. 이유는 단순했다. 왜냐하면 엄마는 나보다 아빠를 믿으니까. '엄마, 아빠가 날 성폭행했어.'라고 했을 때 만약 아빠가 '무슨 소리야, 난 그러지 않았어'라고 하면 바로 엄마가 날 죽일 듯 노려볼 것 같았다. 자신이 의지하는 아버지 같은 남편을 쓰레기로 만드는 쓰레기 같은 딸로 날 바라볼 것 같았다.

　남들은 모두 사범대학을 졸업하고 임용고시를 준비하지만 나는 바로 포기하고 기간제교사로 근무하며 돈을 벌기로 마음먹었다. 독립할 자금 마련을 위해서였다. 대학 졸업식 날 꽃다발을 든 채 면접을 보기로 한 학교로 향했다. 그 학교가 내 첫 직장이었다. 프리랜서가 아닌 첫 직장인이 되었다. 진짜 나를 책임져야 하는 어른이 된 기분이었다. 나는 열심히 돈을 벌었고 자취할 준비를 시작했다. 본격적인 독립은 입사 5개월 후인 7월부터였다. 이제 더 이상 부모님 집에 들르지 않고 내 자취방에서 생활할 수 있게 되었고 더 이상 아빠는 나를 건드릴 수 없었다. 3년이 걸렸다. 모든 게 끝났나 싶을 만큼 완벽했지만 시간이 흘렀음에도 난 이유 없이 계속 몸이 아팠다. 그 원인이 정신적인 문제라는 것을 인지하기까지 시간이 너무나 오래 걸렸고 그사이 나는 이유 모를 두통 때문에 먹은 진통제가 밥보다 많았다. 어렵게 입사했지만 쉽게 퇴사할 수밖에 없었다. 일을 할 수 있는 인간이질 못했다. 골반에 심각한 통증이 있어 앉아 있기가 힘들었다. 몇 발짝 발을 내딛기조차 힘들어서 나를 부축해야 할 누군가가 필요했다. 종합병원에 가서 모든 검사를 해 봤지만, 신체에는 이렇다 할 병명은 없었다. 마음의 병이 몸으로 나타난 것이 아니라면 이유가 없었다. 퇴사는 선택이 아니라 필수였다. 그길로 나는 고장 난 다리를 끌고 고장 난 마음을 치료하기 위해 정신과 문을 두드릴 수밖에 없었다.

동네 정신과를 다 뒤졌다

종합병원부터 작은 의원들까지 모두 다 뒤졌다. 나에게 일어난 끔찍한 이야기를 얼굴 한 번 본적 없는 누군가에게 쏟아내야 하는데 나에게 맞지 않는 병원에 가서 헛걸음하고 싶지 않았기 때문이다.

심사숙고 끝에 한 오래된 의원을 찾아갔다. 짙은 체리 색깔의 긴 나무 의자에서 잠시 대기 후 들어간 진료실에는 할아버지 의사 선생님이 계셨다. 크게 숨을 들이마신 후 이야기를 시작했다. 나의 말은 느리지도 빠르지도 않은 속도였고 목소리의 높낮이도 없었다. 눈물도 나지 않았고 떨림이나 공백도 없었다. 열심히 차트를 작성하며 이야기를 듣던 의사 선생님은 안경을 벗어 차트 왼쪽 위에 내려놓으시고 조용히 펜을 내려놓으셨다. 그리곤 내게 더 큰 병원을 추천해 주셨다.

"환자분이 겪은 일은 이런 1차 병원에서 쉽게 치료할 수 있는 문제가 아닙니다. 훨씬 더 심각한 문제이기 때문에 많은 의료진들이 다방면으로 관찰할 수 있는 종합병원에 가길 권해드려요."

나이가 지긋한 의사 선생님이라 경력이 많으니, 치료가 가능할 것이라는 기대감에 괜한 실망감만 생겼다. 터덜터덜 엘리베이터를 타고 내려와 소견서를 들고 지역에서 가장 큰 종합병원으로 갔다. 간호사 선생님은 진료 전까지 작성해야 하는 글이 빼곡한 심리 검사지를 주셨다. 도대체가 다 비슷한 말들만 적혀있는 수많은 질문지를 겨우 다 작성하고 나서야 결과지를 손에 들고 진료실에 들어갔다. "불안이 조금 높으시네요."라는 말씀하시고는 무슨 어려움이 있는지 물어보셨다. 조금 전 체리 색깔의 나무 의자가 있던 병원에서 했던 이야기를 그대로 다시 했다.
"본인의 일이 맞나요? 제가 왜 이 질문을 하냐면 자신에게 일어난 그 상황을 감정의 동요 없이 이야기하는 것이 정상은 아닙니다. 혹시 경찰에 신고할 의사는 없으신가요?" 나에게 이런 말씀을 하시고는 잠시 밖에서 대기하라고 하셨다. 의사 선생님의 이야기 중 딱히 틀린 말은 없었다. 그렇지만 그냥 기분이 나빴다. 기다리라는 말을 무시하고 집으로 돌아왔다. 온종일 한 거라곤 병원 두 군데를 간 것밖에 없는데 녹초가 되어버렸다. 이제는 나조차도 내 마음을 알아채기 힘들었다.

난 뭘 어떻게 하고 싶은 거지?

아무 병원에서도 나를 치료할 수 없다는 결론을 내렸지만 약물의 도움은 필요했다. 눈물을 멈추고 싶었다. 그러려면 약이 필요했다. 이번엔 집에서 조금 멀리 떨어진 정신과엘 갔다. 상담이 어렵다면 약이라도 처방받아 지금의 상태를 조금이라도 완화시키고 싶었기 때문이다. 우울해서, 불안해서, 화를 참지 못해서 병원에 가려 하니 딱히 이 상황 자체에 대한 가해자는 없어 보였다. 사실은 진료를 받겠다는 그 결정이 가해자이고 동시에 피해자였다. 그런데 두렵고 불안한 이유를 생각해 보니 또렷하게 가해자가 있었다. 누가 봐도 아빠가 가해자였다. 친족 성폭행의 가해자였고 내가 피해자였다. 하지만 자신이 없었다. 병원은 치료가 우선이겠지만 범죄 정황을 듣고도 경찰서에 연락하지 않을 의사가 있을까? 경찰이 무서웠다. 아빠가 잡혀가는 상황을 감당할 자신이 없었고 범죄의 피해자가 나라고 고백할 자신은 더 없었다. 가까운 사람들과 친척들로부터 손가락질 받고도 굳건히 살아갈 자신이 없었다. 그렇게 시간이 흘렀다. 무엇보다도 난 다시 잘 살아가고 싶었지만 여전히 방법을 몰랐다.

내가 할 수 있는 유일한 방법은 상처의 감정들이 다시 올라오지 못하게 깊숙이 눌러 담는 일 뿐이었다. 그 끔찍한 일들이 아예 존재하지 않은 것처럼 최선을 다해 모든 감정을 꾹꾹 밟아 없애려고 노력했다. 그러면 괜찮아 질 거라 믿었다. 나만 아무 말 하지 않으면 아무런 문제가 없다고 믿었다. 티 나지 않게 가족여행도

갔고, 가족과 함께 아빠와 맥주 한 캔 하는 시간도 보냈다. 정말 미치고 환장할 노릇이었다. 가해자랑 마주보고 웃으면서 맥주를 마시다니. 그렇게 모든 게 없던 일이 되기 위해 노력하면 정말 없어질 거라 생각했고 그러길 기대했다. 바램과 달리 나의 어둠은 활화산처럼 깊숙한 곳에서 끊임없는 용암이 흘러나왔다. 밤만 되면 시체처럼 널브러져 계속 목 놓아 울었다. 당장 흘러나오는 용암이 날 집어삼킬 것 같았다.

 겨우 가까운 병원을 물색해 약물치료를 시작한 지 1주일이 지났다. 수면시간도 늘어났고 우는 횟수도 줄었다. 약이 부족하거나 과하다는 생각도 들지 않았다. 하지만 몸이 고장 났다. 잠결에 일어나 화장실을 다녀오려니 팔다리가 따로 놀았다. 몸이 마치 구름처럼 떠 있는 기분이었다. 그리고 아침이 되면 새벽에 화장실을 갔다는 사실도 기억하지 못했다. 핸드폰으로 문자를 보내려고 해도 손이 떨려 계속 오타가 났다. 이따금 집 대문 비번을 까먹었다. 카톡으로 친구들과 농담을 주고받고 싶지만, 머릿속이 하얘졌고 센스 있는 나의 드립력을 상실했다. 사람을 만났는데 입 밖으로 안부 인사가 나오지 않아 무례한 인간이 되어버렸다. 눈물을 흘리는 횟수는 줄었지만, 몸의 다른 기능이 고장 났다. 나의 신체 중 하나를 고쳤는데 열 가지 문제가 발생해버렸다.

 정신과 진료를 보며 약물치료를 하는 동안 상담도 같이 진행되어야 한다는 의사 선생님의 권유가 있었다. 조그마한 동네지만 심리상담센터를 모두 검색해 보았다.

최소 1시간에 10만 원에서 16만 원 하는 심리상담이었으며 10회기를 기준으로 진행한다고 했다. 사실 가격에 억 소리가 절로 났다. 한 번의 상담이 1시간 안에 끝난다는 보장도 없을뿐더러 나에게 정말 유익하고 나랑 잘 맞는 심리상담사를 찾기까지 수십만 원의 돈을 날려야 했기 때문이다. 나의 수익을 생각하면 너무 사악한 가격이었지만 그 가격의 가치를 하기를 바라면서 상담센터를 찾아 나섰다.

첫 번째 상담센터를 갔다. 대표님의 이력을 보고 찾아갔지만, 대표님은 현재 자리에 계시지 않아 예약을 잡고 가야 할 뿐 더러 시간당 16만 원이었다. 초기상담이 2시간 정도 진행된다고 하면 한 번에 32만 원을 결제해야 했다. 그 망할 놈의 돈을 나는 고민해야 했다. 그리고 결국 대표 상담사님께 예약을 잡고 다시 상담을 하러 갔다. 조용히 내 이야기를 들어주셨다. 내가 체리색 의자가 있는 정신과와 종합병원 정신과에서 했던 이야기를 그대로 했다. 어떠한 코멘트도 없었고 나의 감정 동요도 없었다. 그리고 두 시간이 지났고 32만 원을 지불했다. 난 더 이상 다른 상담센터를 찾을 의지도 돈도 없었.

'돈 벌려면 저 따위로 하면 안 되는 거지!'

사기를 당한 기분이었다. 결국 상담 치료를 포기했다. 돈이 발목을 잡은게 확실했다. 그리고 동시에 돈을 내면서까지 엄청난 에너지가 드는 상담치료를 지속할 자신도 없었다. 훗날 나는 나를 치료하기 위해 상담사가 되기로 마음먹었다.

아빠는 그러면 안 되는 거였잖아

약물치료 중 이었지만 내 병을 고치기엔 역부족 이었다. 가해자를 만나 뭐라도 해야 한다는 집착이 생겼다. 방법도 몰랐고 어떤 결과를 초래할지에 대한 구체적인 사고를 할 수 있는 상황도 아니었다. 일상생활이 어려워 퇴사를 해야 했고 그간 벌어둔 돈으로 숨만 붙여놓고 사는 내 인생이 너무 답답했다. 사실 그 당시에 나름 뭔가를 한 것 같지만 내 기억 속에 먼지처럼 쌓여 아무런 기억이 나지 않는다. 산송장처럼 살아만 있었다. 다만 여전히 간절한 한 가지가 있다면 아빠를 만나야 한다는 생각뿐이었다.

갈수록 이상한 증상이 나타났다. 조금씩 숨이 찼다. 그러다가 숨이 턱 끝까지 차서 곧 죽을 것처럼 느껴졌다. 이유를 찾아도 알 수가 없었다. 병원에 가도 모른다고 했다. 폐렴도 천식도 아니었다. 독감도 감기도 아니었지만 난 여전히 뛰지 않아도 숨이 차고 식은땀이 났다. 신체적인 문제의 원인이 심리적인 문제임을 또다시 뒤늦게 인식했다. 나에게 심리적 문제는 하나밖에 없었다. 하나여서 다행이지만 죽어서도 겪고 싶지 않을 만큼 큰 하나의 문제이기도 했다. 무언가 결단할 시기가 왔고 나는 결국 용기를 냈다. 아빠를 만나기로 결심했다. 만나서 해결하기로 마음먹었다. 하. 마음을 먹고 연락하기까지 장장 2개월이 걸렸다.

"점심 먹고 커피 한 잔 해요."

평소 같으면 가톡으로 주고받을 내용을 그날은 직접 전화로 했다. 텍스트와 음성의 간극은 누군가에겐 별 의미 없을지 모르겠지만 나에겐 분명 달랐다. 내 입으로 직접 말하는 용기를 내고 싶었고 단순히 그건 나도 '강한 인간'이라고 스스로 확인하고자 하는 자기만족이었다. 실상은 한창 뜸 들이고 바들바들 떨면서 건넨 한마디였지만 말이다.

아빠는 기쁜 목소리로 원하는 곳을 문자로 알려 달라 했다. 그가 기분이 좋다는 것 자체부터 어이가 없었다. 설마 끝까지 모른 척할 참인지, 단순히 딸과 함께하는 시간에 만족하고 싶은 건지 그 심정을 알 도리는 없었다.

나는 아빠와 단둘이 있는 공간을 피하고자 사람이 많은 회전 초밥 집을 선택했다.

테이블에 앉아 바글바글 시끄러운 분위기 가운데 비어있는 테이블에 앉아 식사를 시작했다. 사람은 많았지만 마치 아빠와 나만 앉고 수많은 초밥들만이 레일을 돌고 있는 것처럼 느껴졌다. 그 와중에 배가 고팠던 나는 초밥이 왜 그렇게 맛있었는지 쉴 새 없이 젓가락질 하는 나 스스로가 한심했다. 이 와중에 나보다 더 맛있게 초밥을 먹는 아빠를 보고 있자니 어찌나 꼴 보기 싫던지 더한 화가 올라왔다. 초밥을 좋아하는 그의 식성마저 닮은 내가 더 싫어졌다. 빈 초밥 접시가 쌓여가면서 내 마음은 더없이 구겨지고 있었다. 뭘 어떻게 먹었는지 모르겠지만 점심이 끝이 났다. 마음은 이미 구깃구깃 하다못해 찢어지기 일보 직전이다. 이젠 진짜 내가 할 일을 해야 할 때가 왔다는 생각에 깊은 심호흡을 했다.

  식사 후 초밥집과 조금 떨어진 카페로 자리를 옮겼다. 이제 할 말을 해야 하는 결전의 순간이기 때문에 조금은 더 조용한 곳으로 자리를 정했다. 아빠가 운전하는 차를 타고 20분 정도 가는 동안 또다시 심장이 쿵쾅쿵쾅 뛰었다. 의사를 잘 표현하지 못하고, 감정을 잘 전달하지 못하는 내가 과연 하려고 준비했던 말을 잘할 수 있을지 의문이었다.

  대화를 잘 할 줄 모르는 사람은 대체로 두 가지의 표현 방식으로 나뉜다. 아무 말도 하지 않거나, 뜬금없는 맥락의 대화를 만들어낸다. 나는 전자를 택하며 살아왔지만, 이번엔 후자를 택했다. 에라 모르겠다. 구겨진 내 맘을 손으로 꽉 움켜쥐고 공 모양을 만든 후 마음 밖으로 던져버렸다. 마음의 쿵쾅거림보다 내가 더 강하다고 수십 번 다짐하고 세뇌했다.

아빠가 어떤 이야기를 했는데 귓속으로 전혀 들어오지 않았다. 말을 싹둑 자른 채, 한마디 했다.

"아빠는 그러면 안 되는 거였잖아. 왜 자는데 내 몸을 만졌어."

내 입으로 튀어나온 한마디에 나조차도 깜짝 놀랐다. 내가 이 말을 했다고? 내가 이런 말을 할 수 있는 사람이라고? 더군다나 얼굴을 보고 했다고? 드디어! 첫 사고가 발생한 지 5년 만에, 마지막 사고가 생긴 지 3년 만에 마침내 내 입안에 수천수만 번 맴돌던 말을 뱉어냈다. 깨끗한 색종이가 다시 한 장 생긴 기분이었다.

"미안하다, 아빠가 너한테 그러면 안 되는 거였다. 네가 자는 줄 알았다."

앞 두 마디는 사과인 듯했지만, 뒷 한마디는 나의 책임 같았다. 내가 아무런 저항을 하지 않았기 때문에 당했다는 말일까? 내가 적극적으로 저항하지 않았기 때문에 암묵적인 동의를 뜻하는 거였을까? 내가 자는척하며 아무 말도 아무런 저항도 할 줄 모르는 병신인 줄 아빠는 이미 잘 알고 있었다. 당신의 큰딸은 평생 키우는 동안 자신의 의사를 제대로 표현하지 못하는 머저리였으니까.

"자고 있으면 그래도 되는 거야? 그게 지금 변명이 된다고 생각해?"

고작 내뱉은 말이 저거였다. 눈물 가득 고인 채 뚝뚝 흐르는 눈물을 닦아가며 한 말이 저거였다. 더 시원하게 욕이라도 하거나, 신랄하게 비난이라도 해야 했는데 나에게 그런 순발력이나 언어적 능력 따윈 없었다. 아빠는 끊임없이 나에게 사과했고 미안하다는 말을 연발했다. 그 와중에도 아빠를 잃고 싶지 않은 나의 마음은 사라지지 않았다. 두렵고도 미운 마음이 여전히 차올랐지만 아빠를 잃지 않고 싶어 착한 아이가 되기로 했다.

"아빠를 용서하고 싶어. 나랑 같이 매주 교회 가자."

 나의 용서도 중요하지만, 크리스쳔인 나에게는 아빠가 하나님께 용서를 구하는 것도 중요했다. 사실 아빠를 데리고 매주 교회를 가면서 내 마음속에도 슬픔과 아픔이 가라앉고 조금씩 용서의 마음이 싹트길 바랐다. 아빠도 이 일을 통해 하나님께 회개하는 사람이 되길 바랐다. 아빠가 나와 교회를 가겠다는 말이 진정한 사과라고 느낄 찰나, 아빠는 엄마에게 들킬 것을 염려하고 있다는 것을 알아챘다. 인생은 내 생각대로 흘러가지 않았다. 언제나 그랬다. 아빠는 교회에 가서 앉아 있는 것 자체는 충분히 해줄 수 있지만 한 가지 문제가 있었다. 엄마와 동생에게 들키고 싶지 않아했다. 일요일 아침에 집 밖을 나가는데 어떤 용건으로 나간다고 말해야 하는데, 차마 내가 다니는 교회에 나간다고 말할 수 없다 했다. '지금 그게 중요해?'라는 말이 턱 끝까지 차올랐지만 어이가 없어 한숨밖에 안 나왔다. 그럼, 아침 7시에 가겠단다. 모두가 자고 있고 사람이 많지 않아 마주칠 일이 적은 시간에 교회를 가겠단다. 결국 나는 7시 예배를 아빠와 함께 다녔지만 아빤 나에게 용서받는 일보다 가족들에게 들키지 않는 게 더 중요했다. 아빠와 늘 무언가를 의논하고 결정할 때 어떤 말도 내 뜻대로 된 적은 없다. 결국 모든 건 아빠의 뜻대로 밀어붙일 수 있는 말 빨이 있었다. 하지만 이 상황은 아빠의 지혜나 센스로서 더 이상 회복이 불가능하니 피하고 숨겨야 했다. 그는 비겁하고 비열했다. 용서를 생각한 나는 순진한 멍청이였다. 아빠는 자신의 죄에 대한 사과를 한 것이 아니라 범죄가 드러나는 것이 두려워 그것을 회피하기 위해 간절히 내게 사과했다. 아빠가 사과가 진심의 사과라기보다는 이 상황을 회피하기 위한 행동이라는 것을 눈치 챘지만, 더 이상 어떻게 바로잡을 도리가 없었다. 아빠 뿐 아니라, 사실 나도 엄마가 이 모든 사실을 아는 게 두려웠다. 아빠도 나도 같은 생각이었을지 모른다. 나의 편이 없어질지도 모른다는 두려움이 모든 감정을 지배했다. 가해자의 두려움과 피해자의 두려움일 뿐, 결국 같은 두려움이었을까.

그 날 이후, 다시는 그 식당과 카페엘 가지 않는다. 진정성 없는 사과도 존재한다는 것을 처음 알게 된 곳이었고, 비겁한 세상의 존재를 더 철저히 알게 된 순간이었다. 노력과 정직을 통해 세상을 살아갈 수 있다는 걸 아빠에게 배웠다. 생각보다 정직한 사람들도 비겁하게 세상을 살아간다는 것도 아빠에게 배웠다. 나의 이야기를 용기 내 한 건 사실이지만 그렇다고 내 몸과 마음이 정상인 건 아니었다. 갈기갈기 찢어져 바닥에 널브러진 낡은 종이 영수증 같았다. 아메리카노에 손도 대지 않은 채, 자리에서 일어서며 나가자고 했다. 차가 없는 나를 아빠는 조수석에 태워 자취방까지 데려다주었다. 30분간 우린 아무 말도 아무 표정도 없었다.

| 가해자는
| 하나가
| 아니었다

착한아이 콤플렉스에 빠진 나

생각해 보면 나에겐 콤플렉스가 있다. 한국 장녀들이 가장 많이 가지고 있는 '착한 아이 콤플렉스'다. 엄마의 칭찬을 위해 공부 하고, 아빠의 인정을 위해 부지런한 사람이 되었다. 언제나 모두에게 좋은 사람이 되기 위해 웃었고 불편한 제안에도 거절 없이 모든 걸 수용하는 착한 아이, 즉 병신 같은 아이였다. 그런 나의 성향을 아빠는 누구보다 잘 알고 있었다. 나를 건드려도 티 내지 않고 표현 못할 거라는 걸 아빠는 너무도 잘 알았다. 딸의 약한 부분을 이용해 성폭행한 거다.

빌어먹을 이 콤플렉스는 아빠와의 사건에서도 변함없이 적용되었다. 카페에서 아빠에게 왜 그랬냐고 울며 따졌을 때를 다시 떠올려 본다. 그곳에서 조용히 아빠와 독대할 때도 나는 스스로 '착한 아이'여야 했다. 닭똥 같은 눈물을 뚝뚝 흘리며 슬퍼하고 고통스러워했지만 나는 착한 장녀이기 때문에 다른 선택은 없다고 생각했다. 그래서 감히 용서하기로 마음먹었다. 사실 그땐 용서가 무엇인지 몰랐다. 그리고 용서가 내 머리로 하겠다고 해서 마음이 움직여지는 게 아님도 몰랐다. 무지함은 순수한 의도라도 무지함일 뿐이었다.

"하나님, 제가 아빠의 죄를 용서할 수 있는 사람이 되도록 지혜와 용기를 주세요."

몇 년간 하루도 쉬지 않고 이 기도를 했다. 하나님은 용서하라 하셨는데….

"하나님 용서가 어려운 일이 저에게 일어났는걸요?
이 일도 용서할 수 있어야 하나요?"

응답하지 않으시니 기다리지 않고 움직였다. 용서를 해보리라. 매주 교회에서 예배를 드리면 고개를 푹 숙이고 눈물을 뚝뚝 흘렸다. 용서하는 마음을 달라고 기도했지만, 용서는커녕, 당장 재경험 증상 때문에 하루하루가 사건의 현장 당일 같은 느낌이었고 너무 두려웠다. 용서는 아무나 하는 게 아니구나. 포기해야겠다. 그 전에 내 마음을 먼저 돌보자.

아빠가 나에게 한 행동으로 인해 나는 다양한 증상을 겪었다. 내 몸을 더듬던 그날은 꽤 시간이 흘렀음에도 잠에서 깰 때면 항상 재경험을 느껴 식은땀이 줄줄 흐른다. 잠을 자는 게 두려워 수면시간이 조금씩 줄어들었고 더 이상 쉽게 잠이 들지 않는 상태에 이르렀다. 아무것도 아닌 작은 자극에도 쉽게 불안해하며 상비약을 달고 살아야 했다. 시도 때도 없이 갑자기 눈물이 주르륵 흘러내리기도 했다. 그렇게 사는 내 인생이 평생일지도 모른다고 생각하니 눈앞이 깜깜했다.

그런데 더 깜깜한 건 내 마음속 생각이었다. 착한 아이 콤플렉스는 여러모로 나의 인생을 방해했다. '어떻게 내가 아빠를 미워해?'라는 생각이 마음속 한가득 차 있었다. 나를 낳아주신 부모님을 미워한다는 것은 상식적으로 이해 할 수도, 상상할 수도 없었고 너무나 큰 죄인 것만 같았다. 그래서 아빠와의 관계를 지속적으로 유지하려고 노력했다. 제 아무리 아빠가 큰 죄를 지었을지라도 나의 아빠라는 사실이 변함이 없다고 생각했다. 그래서 가족 모두 같이 외식도 하고, 둘이서 초보운전 연수도 했다. 둘만 앉아서 운전하는 차 안이 매우 두려웠지만 운전 연수를 거절하는 것은 착한 아이 콤플렉스에 어긋난다고 생각했다. 도란도란 공통 관심사에 대한 이야기도 주고받았다. 내가 가장 좋아하는 시간이었지만 이제는 아니었다. 가면을 쓰고 광대가 되어야 하는 순간일 뿐이었다. 내가 할 수 있는 만큼 감정을 숨긴 채 웃을 수밖에 없었다. 내가 느끼는 다양한 증상들은 아빠로부터 기인한다는 사실을 알지만 아빠를 미워하는 마음만큼은 가지지 않으려고 최선을 다해 마음속 깊숙이 꾹꾹 눌러 담았다.

'미워하는 마음이 올라오면 용서할 수 없어. 미움은 꼭꼭 숨겨서 깊숙이 가둬두자.'

감정을 내 마음대로 넣었다 뺐다 할 수 있는 게 인간인 줄 알았는데, 감정이 자연스럽게 표출되는 것이 건강한 인간이라는 것을 나는 너무 늦게 알았다.

나는 건강하지 않은 인간이었다. 그리고 더욱 더 마음에 병이 심해질 일을 자초하고 있었다. 피해자가 아닌 척 가해자가 함께 다정하게 지내는 행동은 과연 누구를 위한 일이었을까? 가족을 지키기 위한 나를 위한 일이었을까? 아니면 잘못을 숨기고 싶은 아빠에게 적절한 심신의 평안을 주는 병신 같은 일이었을까?

'하지마! 나한테 왜그래! 하지 말라고!'

이 한마디면 끝났을 텐데. 그 한 마디가 툭 튀어나오지 않아 일이 이렇게 커졌다. 난 시작부터 스스로 문제를 자초했다고 수백 수천 번 자책했다. 내가 제대로 방어하지 않았기 때문이라고. 아빠는 실수였는데 내가 아빠의 실수를 더 크게 만든 나쁜 년이라고 스스로를 몰아붙였다. 점점 더 가슴 한켠이 새파래졌고 검게 물들었다.

내 감정을 인지하고 표현하는 것 모두 미숙했다. 그래서 아빠로부터 성폭행을 당하는 기간을 좀 더 줄일 기회를 놓쳤다. 화가 난다, 무섭다 등의 감정을 느꼈을 땐 이미 1년쯤 지났을 때였다. 아빠에게 그런 감정을 느끼리라고는 상상도 하지 못했기 때문이다. 스스로를 채찍질했다. 하지만 그것과 무관하게 뒤늦게 인지한 두려움과 분노라는 감정은 꾹꾹 눌러 담은 채 표현하지 않았다. 그 감정은 더 이상 내 마음속에 담을 공간이 없을 만큼 가득했다.

꽉 찬 똥통에 더 많은 똥을 들이붓다 보니 이제 똥이 밖으로 줄줄 흘러내리기 시작했다. 분노와 두려움은 마음속 똥통에서 흘러나왔고 '미워하면 안 된다는' 착한 아이 콤플렉스 증상은 똥 같은 마음과 끊임없이 충돌했다. 마음속 깊이 갇혀있던 분노와 두려움은 화산 분출하듯 빠른 속도로, 많은 양이 흘러나왔고 나는 더 이상 내 스스로 감정을 조절할 수 없이 두려움과 분노의 감정에 휩싸였다. 숨쉬기조차 힘든 인생이면 인제 그만 멈추고 싶었다. 이 순간 누군가가 나를 이 지옥 속에 속 시원히 꺼내 줄 수 있길 간절히 희망했다.

아빠는 교사였다

 우습게 들리겠지만 아빠는 내가 살면서 만나온 그 어느 어른보다도 더 양심적이고 도덕적인 사람, 직업윤리의식이 투철하고 교실 속 아이들에게도 참 친절한 사람이었다. 아빠의 직장생활을 보면서 청소년기를 보낼 때 나는 절대 교사는 되지 않겠노라 다짐했었다. 학생을 다루기도, 학부모를 대하기도 너무 힘들어 보였고, 끊임없이 반복되는 루틴의 일이 매우 지루해 보였다. 난 좀 더 창의적이고 새로운 일을 하는 사람이 되고 싶었지만, 강한 부정은 긍정이 되어 결국 현실로 다가왔다. 성적에 맞추어 겨우 대학에 입학하다 보니 학과명 리스트 내에서도 이름이 생소한 공부보다는 잘 아는 학과를 택했다. 결국 사범대학에 들어가 자연스레 학생들을 가르치는 학문을 배웠다. 하기 싫어 미칠 뻔했다. 진짜 뭐라 말로 표현하기 어려운데, 짐 싸 들고 그대로 자퇴서를 내고 뛰쳐나오고 싶은 마음이 수십 번도 더 들었다. 심지어 한번은 자퇴서를 쓰러 대학교 중앙 사무실에 찾아간 적도 있었다. 그렇다고 딱히 무언가 하고 싶은 게 확실했던 것도 아니었지만 적어도 이건 아니라는 생각은 늘 가지고 있었던 터라 매일같이 전공수업을 들을 때마다 눈물로 복습하며 다음 날을 준비했다. 미치겠지만 어쩌겠는가? 새로운 대안 없이 현실을 내려놓는 건 멍청한 짓이라는 것 정도는 알고 있었다. 더 이상 부정한다고 달라질 것도 없고, 다시 수능을 칠 생각을 하면 피가 거꾸로 솟는 것 같아 그냥 순응하기로 했다. 그런데 이왕 순응한 거 전공으로는 살아남기 힘들 것 같으니, 남들보다 다채로운 스펙으로 우위에 있고 싶었다. 다행히 나의 자기분석은 정확했다. 뭘 못하고 뭘 잘하는지 정도는 스스로 구분 가능했다.

고졸 검정고시를 거쳐 대학에 온 만큼 교육 소외계층에 대한 관심이 많았다. 그래서 저소득층이나 다문화 가정 자녀들을 위한 교육 및 상담 멘토링을 4년간 꾸준히 했다. 가볍게 교통비 정도 충당하기 위해 시작한 멘토링은 내 인생을 조금 다르게 바꿔 놓았다. 멘토링을 통해 어른이 되어 무언가 관련된 일을 하고 싶다는 생각도 했고, 학습 멘토링 뿐만 아니라 청소년 상담에도 많은 관심을 두고 보다 더 몰입했다. 열정적인 활동과 좋은 결과물로 인해 상을 받기도 하고 대만 해외 파견 연수의 기회도 주어졌었다. 또한, 학과사무실 알바를 통해 행정업무를 배우는 시간도 가지며 나보다 훨씬 빠르게 문서 작업을 하는 선배님들의 비결도 전수받았다. 이 일은 현재까지도 사회에서 아주 유용하게 사용되고 있다. 한글과 엑셀을 다루고 기본적인 컴퓨터의 하드웨어를 만질 줄 아는 것, 소프트웨어의 기본 세팅을 알고 사용하는 것은 취업 후 큰 도움이 되었다. 또한, 시험감독 알바를 하며 주말에 비어있는 3시간조차도 돈을 버는 데 알차게 사용했다. 초등학생들에게 OMR카드 작성이나 시험 중 대화를 하지 않아야 한다는 걸 알려주는 게 조금 당황스러웠지만 신선했다. 해외 봉사활동을 갈 기회도 얻게 되었다. 한국을 사랑하는 현지 학생들에게 한국어와 한국문화를 가르치는 봉사활동도 했고, 장애아보육원에 방문하여 봉사활동도 했다. 새로운 문화와 환경을 접하며 세상의 다양한 삶들을 조금 더 이해하는 시작이 해외 봉사활동이었다.

재학생뿐만 아니라 졸업 후에도 학원이나 학교를 넘어선 더 역동적인 스펙을 쌓기 위해 해외 파견교사를 준비했다. 전국에서 스펙 좋은 선생님들 사이에서 예비 교사라는 신분으로 경쟁에 참여했다. 지방에서는 대체로 이공계열 학생들은 영어에 취약하다는 편견을 가지고 있었지만, 수도권은 그렇지 않았다. 수학이나 과학 과목도 유창하게 영어로 수업할 수 있는 선생님들이 많으시다는 이야기를 들었다. 혹여나 멀리까지 면접하러 가서 망신을 당하지 않으려고 매일매일 끊임없이 반복하고 연습했다. 전날 숙소에 도착해서는 투명한 시트지에 벽에 붙여놓고 칠판 펜으로 시트지를 칠판 삼아 끊임없이 판서하고 설명하며 면접을 준비했다. 문장의 억양과 발음뿐만 아니라 개념의 오류가 발생하지 않는지조차 파악하기 위해 전치사까지도 꼼꼼히 살펴보았다. 입실 이후부터 연습해서 12시까지 꼬박 연습하다가 탈진하여 잠이 들었다.

면접 당일 도착하니 면접 순서가 정해졌다. 1번이었다. 난 늘 면접만 보면 1번이다. 1번이 아닌 진짜 1등이라는 마인드 컨트롤을 하며 옷매무시를 가다듬고 면접실로 향했다. 결과는 합격이었다. 현직 교사들과의 경쟁에서 당당히 합격했고 모든 과목 통틀어 면접 점수가 최고점이었다는 이야기를 들었다. 영어 실력과 상관없이 노력하면 된다는 걸 보여준 내가 뿌듯했다. 개발도상국 중 영어가 국어인 나라에 가서 중고등학교 학생들에게 영어로 수업을 진행하는 파견 업무를 주로 했다. 쉽지 않은 일이었지만 매일 밤 꾸준히 전공 용어나 표현을 발음하며 연습했고 수업을 이어 나갈 체력을 만들기 위해 열심히 운동도 했다.

특별한 존재가 되기 위해 내가 할 수 있는 모든 노력은 다해본 것 같다. 끊임없이 스펙을 쌓고 경험을 쌓으며 알찬 20대를 보내려고 노력했다. 그게 앞으로의 나를 지키는 유일한 방법이라고 생각했기 때문에 아무리 지치고 힘들어도 쉴 수 없었다. 돌이켜 보면 그 모든 원동력은 어디에서부터였을까? 원가족으로부터 멀어질 수 있는 단단한 독립을 위한 처절함이었다.

엄마는 마음에 피멍이 들어가는 나에게 소원을 하나 말했다.
"아빠가 퇴직하기 전에 딸이랑 아빠가 같이 교단에 서고 출근하는 모습 한번

보고 싶다."

사실 그건 나의 오래된 꿈이기도 했다. 아빠와 함께 교단에 서고 출근하는 것. 그런데 더는 소원이 아닌 악몽이었다. 엄마는 내게 악몽을 꾸길 바란다고 말하는 거였다. 엄마의 말을 듣는 순간 처음으로 특별한 경쟁 요소를 만들기 위한 다양한 경험과 스펙들을 모두 지워버리고 싶었다. 그냥 다 내려놓고 싶어졌다. 엄마의 말에 표정 관리가 되지 않아 서둘러 화장실로 양치하러 들어갔다. 문이 쿵 닫혔고 내 마음도 쿵 닫혀 버렸다. 마지막 희망마저 사라지는 느낌이었다. 과연 나는 언제 엄마에게 이 끔찍한 사실을 이야기할 수 있을까…. 마음의 문마저 닫히는 순간이었다. 나를 좋아하는 엄마이지만 나보다 더 아빠를 의지하는 엄마에게 난 감히 폭풍 속으로 들어가지는 이야기는 차마 할 수 없었는지도 모르겠다.

엄마는 그저 웃으며 행복해했다

'기특한 큰 딸, 장하다.'

난 늘 엄마에게 기특한 딸이고 대견한 딸이 되고 싶었다. 잘하는 딸이길 원했고, 기대를 저버리지 않는 딸이길 원했다. 그래서 늘 실수하고 싶지 않았고 좋은 결과를 보여드리고 싶었다. 하지만 인생은 뜻대로 되지 않았고 성인이 되어서는 그게 더더욱 힘들었다. 내 힘으로 못하는 것들이 생겨나고 내 생각대로 굴러가지 않는 세상이라는 걸 느껴버렸다. 좋아하는 것과 잘하는 것들을 하나씩 느끼고, 싫어하는 것과 취약한 부분들도 깨달아가면서 점점 엄마가 바라는 내 모습이 아닌 내가 그리는 나의 인생을 생각해 보고 싶어졌다. 난 어디까지나 엄마의 품에 있을 수 없었지만 엄마는 늘 엄마 품 안에서 엄마가 원하는 사람으로 살아가길 바랐다. 나는 엄마의 집착 아닌 집착에 점점 지쳐갔다. 엄마의 사랑의 표현은 내가 원하고 바라는 방식이 아니었다. 나의 성장을 지켜보고 응원해 주길 바랐을 뿐, 내 길을 정해주고 그대로 걸어가길 원하는 것이 힘들었다. 엄마의 많은 욕심은 아빠에게서 보고 들은 이야기로부터 생겨났으리라 본다. 그만큼 엄마는 아빠에게 의존적이고 아빠의 의견을 존중한다. 그게 무서웠다. 그게 내가 아빠 일을 엄마에게 말할 수 없었던 가장 큰 주된 이유였다. 엄마가 의존하고 있는 아빠를 버리고 나를 택하리라는 확신이 없었다. 엄만 어릴 적 친아버지가 일찍 돌아가셔서 결혼할 상대는 아버지 같은 남편을 만나는 게 목표였다고 한다. 그리고 그 목표를 이루었다고 했다. 엄마에게 아빠 같은 존재인 나의 아빠가 내게 그런 짓을 했다고 내가 감히 어떻게 말할 수 있을까? 앞으로 내 머릿속 생각하듯이 수천만 가지인 것 같아 벌써 눈앞이 캄캄했고 내가 용기 내 행동해야 할 것들이 생길 것만 같아 두려워 온몸에 소름이 돋을 지경이었다.

직장 1년 차쯤, 온 가족이 일본 여행 계획을 세웠다. 엄마와 동생은 아빠와의 끔찍한 일에 대해 아무것도 모른 채. 설레는 엄마와 동생 앞에서 거절하고 싶은 내 마음과 미안한 내 마음 사이에 머릿속이 너무 복잡했다.

'이 여행으로 즐거운 기억으로 남겨주어야 하나? 여행의 마지막 날 아빠 일을 엄마에게 고백해야 하나?'

무엇보다 내 몸에 손을 댄 사람과 함께 여행을 간다는 것 자체가 미치고 팔짝

뛸 노릇이었다. 그럼에도 나는 여행에 함께했다. 내가 거부하지 않은 이유는 단연 엄마와 동생이었다. 오래전부터 나와 외국 여행을 가고 싶어 하던 걸 알았기에 더 이상 피할 방도가 없었다. 평소에도 이 핑계 저 핑계 대며 엄마 집을 방문하는 것을 거절했던 터라 또 거절했다가는 서운해 하고 속상해할 것만 같았다. 설레는 동생과 함께 비행기 티켓을 예약하고, 오사카를 처음 가보는 엄마를 위해 같이 숙소도 예약했다. 출발 시간은 생각보다 빠르게 다가왔고 우린 결국 캐리어를 끌고 집 밖으로 나왔다. 차를 몰고 공항엘 갔다. 입국 수속부터 집으로 돌아오는 순간까지 가짜웃음을 지을 생각을 하니 벌써 입 꼬리 주변에 경련이 일어났다. 이윽고 비행기를 탔다. 함께 식사도 하고, 관람도 하고, 마주 보고 웃기도 했다. 입 꼬리를 광대까지 끌어올려 웃는 표정을 만들었다. 난 가짜웃음에 소질이 있었다. 내 평생 가장 오래한 일이었기 때문이다.

저녁 식사 후 모두가 씻고 숙소 테이블에 둘러앉아 야식을 먹었다. 맛있는 스시를 앞에 두고 아빠가 웃으며 한마디 했다.
"우리 가족 모두가 함께 여행을 와서 행복하네."
아빠의 말에 등골이 오싹해졌다. 테이블 위 스시도 소름이 돋아 전부 상해버렸을지도 모르겠다. 저 인간이 뻔뻔해진 걸까? 아니면 원래부터 저렇게 뻔뻔했던 걸까?
엄마도 아빠의 말에 감격의 웃음을 지으며 동조했다.
"두 딸이랑 여행하러 와서 너무 좋다. 엄마가 너희 아니면 언제 이렇게 와보겠니."

이런 분위기에 엄마에게 사실을 고백한다는 것은 미친 짓이었다. 크리스마스 시즌의 오사카, 수많은 인파에 밀려 끝도 없이 걸었지만, 숙소까지 가려면 아직 한참 멀었다. 어두운 도시 속 차갑고 캄캄한 거리를 걷고 있지만 내 마음속이 더 캄캄하고 차가웠다. 엄마와의 대화를 생각한 나의 계획도 희미하게 흩어졌다. 그렇게 일본 여행은 내 가면을 벗지 못한 채 무력하게 끝이 났다.

여행 이후 엄마는 가족이 함께 하는 것에 더 큰 즐거움을 느꼈다. 나의 바쁜 직장생활 중에도 가끔 함께 모여 식사나 카페투어를 원했다. 동시에 말 못 할 혼란이 생겼다.

'내가 함께 하기 싫은 아빠와 커피를 마시는 것' 과

'내가 좋아하는 엄마가 원하는 커피를 마시는 것'

난 이것을 하지 않아도 되는 건지 혹은 하고 싶은 건지 내 마음을 나조차 알 수 없었다. 엄마 마음을 아프게 하고 싶지 않았지만 동시에 아빠를 마주 보며 아무렇지 않은 척 웃는 내 마음이 너무 아팠다. 내 마음을 챙겨야 해서 번번이 엄마에게 그럴싸한 이유를 만들어야 했다. 시간이 없어서 갈 수 없다는 나의 답변에 엄마는 서운해 했다. 매번 거절하니 서운할 법도 하다. 그렇지만 매번 제안할 때마다 거절하는 나도 정말 힘들었다. 엄마랑 둘이 마시고 싶은데, 엄마와 둘이 시간을 보내고 싶은데 엄마에게 차마 그렇게 말하지도 못했다. 그저 엄마가 알아채 주길 바랐다. 나의 간절한 눈빛과 행동을 알아채 주길 바랐다. 그러나

당연히 엄마는 나의 그런 마음을 알아챌 수도 없었다. 엄마는 그저 자신의 소유물이었던 딸이 자신을 만나주지 않는 것에 대한 서운함과 엄마의 뜻대로 무언가가 되지 않는 것에 대한 섭섭함이 공존했던 것 같다. 엄마에게 종속된 장녀는 엄마의 기분에 따라 나의 기분도 같이 좌우되는 특성이 있다. 엄마가 서운해 하면 나도 괜스레 하루 종일 눈치를 보게 된다. 엄마가 기분이 좋은 날이면 하루 종일 나도 컨디션이 좋다. 내 감정이 엄마의 감정에 영향을 받는 것, 그게 나의 또 다른 발목이기도 했다.

더 이상 거절하지 못한 어느 날, 결국 카페에 가서 네 명이 마주 보고 앉았다. 어떤 걸 마실지 물어보는 아빠의 말에 나는 눈도 쳐다보지 않고 대답했다. 게다가 아빠가 함께 있어 내 기분이 안 좋아지니 웃음을 짓는 것도 서서히 어려워졌다. 더 이상 이렇게 만남을 이어가는 게 옳지 않은 것 같았다. 하지만 어떻게 해야 할지 도무지 방법을 모르겠다. 나는 엄마를 바라보며 힘껏 눈빛으로 말했다.
 '엄마, 나 좀 도와줘.'
 소리 없는 말소리에 엄마는 아무 반응도 하지 않은 채 그저 웃으며 행복해했다.

엄마가 있으니까 이제 괜찮아

어느 날부터 밤만 되면 엄마를 잃은 어린아이처럼 꺽 꺽 소리 내 울었다. 포장되거나 가공되지 않은 날것 그대로의 울음이 며칠간 지속되었다. 보는 룸메이트 언니의 마음에도 그 큰 슬픔이 전달되었을까? 며칠을 달래고 곁을 지켜주던 언니가 새로운 대책을 세웠다. 이젠 더 이상 스스로 견디게 두지 않고 가족의 도움을 받게 하는 것이었다.

"내가 너희 엄마 여기로 불렀어."

나와 오래 함께하며 내 곁을 지켜준 룸메이트 언니의 말에 순간 가슴이 철렁했다. 평소 가족에게 말하자고 제안할 때면 극도로 싫어하던 내가 그날은 그저 순응했다.

더 이상 이렇게 아프게 울고 싶지 않았기 때문이다. 노력하며 살아온 나에게도 평범하고 평안한 날이 오길 바랬다. 어두운 방 안에서 불을 켜고, 눈물을 가득 머금은 베개를 꼭 끌어안았다. 그리고 밤늦은 시간 엄마가 내게 오길 기다렸다. 내심 이 순간을 기다렸는지도 모르겠다. 꽉 움켜쥔 베개는 점점 형태를 잃어 구겨져버렸다. 14평 남짓한 아파트의 좁은 침실에는 이불과 베개만으로도 방이 꽉 차 있었다. 엄마가 나에게 다가올 수 있을지도 잘 모르겠다 싶었다.

"딸, 엄마야. 엄마 왔어. 괜찮아. 무슨 일이야! 뭐가 그렇게 힘들어?"

좁은 방 안으로 들어온 엄마는 거의 나와 붙어있다시피 가까이서 이야기를 건넸다. 가까이서 건네는 이 말이 나는 좋았다. 엄마의 이 말 만으로도 가슴 한편이 크게 위로가 되었다. 결국 엄마가 내 편이 되지 않고 아빠 편 일지라도 당장은 내 편인 것만 같아 너무 따뜻한 위로처럼 느껴졌다. 그래도 쉽사리 입술이 떨어지진 않았다. 감히, 아빠가 딸을 건드렸다고 엄마에게 말할 수가 없었다. 내 잘못은 아니지만 그래도 이보다 더 큰 불효가 어디 있을까 생각했다. 호흡을 들이마실 때마다 다음 호흡에 말하리라 다짐했다. 그렇게 십 수 번의 호흡을 하며 들썩이는 어깨를 눌러 앉혔다.

"엄마…. 아빠가, 아빠가 내 몸에 손을 댔어."

좁은 집의 작은 방 안에는 누구의 숨소리도 들리지 않았다. 믿기지 않는 말에 엄마는 한동안 아무 말이 없었다. 내 눈물을 닦아주기 위해 손에 들고 있던 휴지로 엄마는 눈물을 슬쩍 닦았다. 그리고 콧물을 몇 번 훌쩍이고는 나에게 물었다.

"엄마가 있으니까 이제 괜찮아. 언제부터 그랬어!"

말끝마다 엄마는 내 이름을 불러줬다. 이름을 부른다는 게 이렇게 큰 위로가 되고 다정한 말이었나? 처음 깨달았다. 그렇지만 엄마의 말 속에서 느껴지는 다정함에 비해 내 가슴 한편에 가지고 있는 슬픔이 비교도 안 될 만큼 더 크고 깊었다.

"대학교 2학년 때, 3학년 때, 4학년 때도 그랬어. 엄마 출근하고 내가 집에 갈 때 자주 그랬어."

엄마는 조금 더 큰 소리로 코를 훌쩍였다. 고개를 돌린 엄마의 얼굴이 어둡게나마 보였다. 눈가와 입 주변의 찌그러진 근육이 엄마가 지금 울고 있음을 알게 해줬다. 그게 나를 더욱 아프게 했다. 나는 아이 같은 서러운 울음을 쉽사리 멈출 수 없었다. 베갯잇만 적실 줄 알았던 우리의 눈물은 잠옷도, 덮는 이불도 젖게 만들었다. 이 모든 광경을 바깥에서 숨죽여 듣고 있는 언니의 심정은 어땠을까? 엄마는 나를 달래고 또 스스로를 달래고 집으로 돌아갔다. 시간이 한참 지나고서야 전해 들었지만, 그날 밤 아빠와 크게 한바탕 하고 엄마는 몇 날 며칠을 울음으로 보냈다고 했다.

그렇지만 시간이 지나고 조금 더 지나도록 나는 엄마를 지켜보았다. 그런데 좀 이상했다. 몇 날 며칠을 울음으로 보낸 엄마가 맞는지 잘 모르겠다. 아니면 그 울음의 의미가 내가 생각한 것과 달랐을지도 모르겠다. 엄마는 여전히 아빠와 함께 평소와 다름없이 지내고 있었다. 내가 구체적으로 무엇을 기대하고 생각했는지는 잘 모르겠다. 아마도 아빠를 집 밖으로 내쫓거나, 엄마가 다른 거주할 곳을 찾아

옮기는 등의 움직임 있는 액션을 원했던 게 아닐까? 사실 그 상황에 내가 뭘 요구할 수가 없었다. 아빠를 잃는 고통에, 엄마에게 불효한 것 같은 죄책감에, 스스로 더러워진 것만 같은 불쾌감까지 가지고 있으면서 내가 무엇을 어떻게 요구해야 할지 생각하는 것은 솔직히 과부하였고 나에게 너무 높은 난이도였다. 시간이 지나고 더 지날수록 더 자연스러워지는 둘 사이의 관계를 보면서 나는 말로 표현할 수 없는 복잡하고 불편한 감정을 느꼈다. 여전히 난 그 감정을 말로 표현할 줄 모르는 머저리였다.

정신병동에 입원하세요

아빠를 만나고도, 엄마를 만나고도 해결이 되지 않았다. 엄마가 건넨 나를 위한 손길도 도움이 되지 않았다. 오롯이 나의 문제는 '나만의 문제'일 뿐이었다. 시간이 지나면서 호흡이 가빠지고 불안감에 몸을 떠는 빈도가 잦아졌다. 처음에는 잠시 앉아서 숨을 고르고 물을 마시면 괜찮아졌다. 그런데 시간이 지날수록 호흡이 가빠지고 불안감에 휩싸이는 강도가 너무 높아져 스스로 감당할 수 없었다. 재경험이 일어나는 순간이 너무 리얼했고 곧 가라앉을 불안감은 마치 끝나지 않을 것 같은 두려움에 휩싸였다. 그렇게 처음으로 응급실에 방문하게 되었다. 나는 침대에 누워 아무 말도 하지 못했고 엄마와 의사 선생님은 대화 후 나에게 안정제를 놓아주셨다. 그리고 나는 곧 잠에 들었다. 무슨 이런 일이 있을까? 생각하며 환자복을 벗어놓고 퇴원 수속을 밟고 나왔다. 잠시 응급실에 머물렀지만, 온몸에는 병원 특유의 냄새가 밴 것만 같았다.

며칠이 지나지 않아 또다시 갑작스레 불안감을 느꼈다. 조금씩 강도가 올라가기 시작하더니 또다시 몸을 바르르 떨며 스스로 컨트롤하지 못했다. 똑같은 상황이 반복되었고 나는 다시 응급실에 가게 되었다. 이번에도 역시 안정제를 맞고서야 진정되었다. 불안함을 느끼는 정도가 잦아지면서 자연스레 응급실에 가게 되는 빈도도 잦아졌다. 일주일에도 몇 번씩 매번 안정제를 투여해 몸과 마음을 진정시키는 의료행위를 반복했다. 응급실 의사 선생님은 이렇게 계속 응급실에 올 것이 아니라 정신과 병동에 입원하여 근본적인 원인을 치료할 것을 권유했다. 나는 고개를 절레절레 저었다. 입원은 싫었다. 다음번 응급실에 왔을 때도, 그다음 번에도 나는 싫다고만 했다. 정신병원에 입원할 만큼의 상태는 아니라고 스스로 믿고 싶었기 때문이다. 나는 링거를 빼고 난 후 붙인 흰색 테이프를 뜯어 쓰레기통에 버리고는 늘 재빠르게 응급실 밖으로 나왔다. 병원 냄새도 좋아하진 않지만, 병원 밖의 공기도 답답하긴 마찬가지였다.

증상이 안 좋아져서 응급실에 또 한 번 갔다. 이번에는 기존의 투여량에도 효과가 없어서 투여량을 더 높여야 한다고 했다. 나는 더 많은 양의 주사를 맞고서야 안정을 찾을 수 있었다. 내 나이와 별반 차이가 없는 응급실 의사 선생님은 엄마를 다그쳤지만, 엄마는 아이가 원하지 않아서 어쩔 수 없다는 답변만 했다. 그 의사는 나에게 와서는 내 자리를 모두 커튼으로 가렸다. 그리고 누워있는 나를 위에서 바라보며 표정 없이 말했다.

"환자분 입원하세요. 계속 이렇게 주사 맞는다고 좋아지는 거 아니에요. 입원하세요. 이젠."

의사가 저렇게 싹수없어도 되나 싶을 만큼 싹수가 없었지만 그 태도가 이해됐다. 더 올바른 치료를 강하게 주장하여 설득하기 위한 자기만의 기술 중 하나였겠지. 난 순간 얼음장같이 차가운 의사의 온도에 주눅이 들어 고개를 피하고 답도 하지 못했다.

늘 그렇듯 의료진의 판단이 옳았다. 어느 순간 울음이 터져 한없이 우는 것을 멈출 수 없는 지경에 이르렀다. 더 이상 이렇게 살 수 없을 것 같았다. 더는 사회생활도 쉽지 않을 것 같은 상태에 이르자 엄마에게 입원하겠다고 했다. 지방에서 서울까지 입원하러 올라갔다. 직장생활을 하는 엄마가 보호자로 함께할 수 없어 동생이 보호자로 함께였다. 그렇게 나의 응급실 방문기는 한동안 휴지기를 맞이했다.

팔다리가 묶이다

입원이 유일한 해답인 것 같았다. 입원 수속을 밟고 옷태가 나지 않는 환자복으로 갈아입었다. 병원 안은 생각보다 쾌적했다. 티비와 러닝머신은 물론 읽을 수 있는 다양한 책들도 있었다. 영화 속에서만 보던 감옥 같은 정신과 병동은 전혀 아니었다. 오히려 더 깔끔하고 더 친절한 간호사 선생님이 함께했다. 그렇지만 환자들은 조금 달랐다. 입구 앞에 서서 퇴원을 시켜달라고 하루 종일 울며 소리 지르는 사람, 알 수 없는 말을 복도 가운데 서서 시계를 쳐다보고 중얼거리는 사람, 그리고 나처럼 조용히 침대에 박혀 공허하게 시간을 보내는 사람들이 있었다.

하지만 병원이 깔끔하고 쾌적하다고 해서 내 증상이 한순간에 나아지는 건 아니었다. 난 또 다시 엉엉 울었다. 갑자기 내 몸이 너무 더럽다고 느껴졌기 때문이다. 아빠와의 일 이후 계속 그런 생각은 했지만, 문득 내 모든 몸이 더럽게 느껴졌고 소스라치게 끔찍했다. 나는 손톱으로 내 온몸을 긁어댔고, 그것도 모자라 이로 내 팔을 마구 물어뜯었다. 그래도 여전히 나는 더러운 인간 같았다. 여러 명의 간호사와 의사 선생님이 와서 나를 새로운 병실로 데려갔다. 병실이라기 보단 치료실 같은 느낌이었다. 나는 끊임없이 내 몸을 긁고 물어뜯기 위해 안간힘을 썼고, 남자 보호사분들은 재빠르게 내 팔다리를 침대에 묶어 움직이지 못하는 상태로 만들어버렸다. 영화 속에서나 보던 정신병자가 바로 나였다. 그러고는 주사를 투여했다. 의사 선생님은 명확하게 말해주셨다.

"환자분 지금 스스로 몸을 상하게 하는 위험한 행위를 하셔서 더 이상 위험한 상황이 생기지 않도록 잠시 안정될 때까지 팔다리를 억제할 거예요. 진정제를 투여했으니, 마음이 좀 안정되실 거예요. 잠시 주무시고 우리 다시 이야기해요."
　의사 선생님의 말씀이 채 끝나기도 전에 내 머릿속이 어질어질하더니 잠에 빠져버렸다. 눈을 뜨니 팔다리는 풀려있고 나는 평안한 자세로 잠을 자고 있었다. 그리고 나를 다시 병실로 안내해 주었다.

　다음날, 나는 또다시 어린아이처럼 눈물 콧물을 쏟아내며 우는데 보호자인 동생은 어제와 같은 상황이 반복될까 봐 어찌할 방법이 없어 주치의 선생님을 모셔 왔다. 뭐가 힘들어서 우냐는 질문에 말로 잘 표현하지 못하겠다고 하였다. 그랬더니 선생님이 잠시 의국에 들어갔다 다시 오시며 종이와 펜을 내밀었다.

"말로 못 하겠으면 글로 써보세요."

좀 당황스럽고 어이가 없었기도 했다.

'글로 쓸 줄 알면 이미 말했겠지!'

의사 선생님께 불만을 품었지만, 조용히 펜을 집어 들었다. 여기서 분쟁을 일으킨다고 좋을 건 하나도 없을 테니까. 하지만 조금 신기했다. 말로 표현할 수 없는 것들이 글로는 표현할 수 있었다. 생각이 정리되어 문장으로 적을 수 있다는 게 놀라웠다. 길게 쓰진 않고 5줄 정도 나를 힘들게 하는 것들을 작성했다.

아빠가 내 몸에 손을 댔는데 그게 계속 떠올라요

지금 옆에 아빠가 없는 걸 알지만 당장이라도 내 침대에 같이 누워있을 것 같아요

아빠를 너무 미워하는데 미워할 수가 없어요

생각을 떠올리고 싶지 않은데 계속 어제 일처럼 떠올라요

누가 나를 좀 이 망할 생각에서 건져주면 좋겠어요.

길지 않은 글을 쓰고 여섯 번째 문장을 생각하던 도중 주치의 선생님께서 상담을 위해 부르셨다. 나는 글을 쓰다 만 종이와 펜을 침대 위 테이블에 올려두었다. 검은색 슬리퍼를 신고 후줄근한 병원복 차림으로 주치의선생님과 함께 상담실로

향했다. 선생님께서 오시더니 이내 자리를 뜨셨다. 잠시만 기다려달라고 하셨다. 나는 선생님이 없는 상담실에 혼자 앉아 있었다. 아이보리색 벽에는 마치 게시판처럼 중요하게 느껴지는 종이 서류가 가지런히 붙어있었다. 상담 테이블 뒤에 위치한 작은 책상 위에는 상담에 사용하는 교구 카드가 놓여있었다. 360도 찬찬히 상담실을 둘러보고 있을 때, 선생님이 다시 오셨다.

"혹시 지금 이 일을 아는 사람은 누구누구 인가요?"

"엄마랑 아빠요."

"음... 이제 동생분도 이 사실을 알게 되었어요."

알고 보니 내가 테이블 위에 올려놓고 온, 여섯 번째 문장을 채 다 적지 못한 종이를 동생이 읽었다고 한다. 이유모를 슬픔이 몰려왔다. 동생이 이 사실을 감당하며 보호자로 있게 한 게 너무 미안했고, 충격을 받았을까 걱정했다.

"동생은 괜찮아요? 뭐래요?"

"담담하게 질문하시고는 듣고계셨어요. 직접 대화해보는 게 좋을 것 같아요."

서로는 괜찮지 않았다

 나에게 잘못은 없지만 동생을 마주하기는 떨렸다. 태어나 처음으로 동생이랑 이야기를 나누는 게 떨렸다. 어리다고 생각한 동생의 반응을 상상할 수 없었고, 어떤 말을 해줄지도 전혀 상상이 가지 않았다. 숨을 크게 들이마셨다. 그 숨을 모두 내쉬면 혹여나 정신을 잃을 것 같아 얕고 길게 코로 내쉬었다. 상담실 문을 열고 나와 침대 자리로 돌아갔다. 내 동생이 있었다. 나의 아픔을 들쑤시지 않기 위함인지, 자신의 마음이 정리가 되지 않았기 때문인지 모르겠지만, 나에게 그 일에 대해서는 어떤 말도 하지 않았다. 시간에 맞춰 약도 꼬박꼬박 잘 먹었다. 쉴 때는 로비에 나가 책도 읽었다. 그리곤, 산책 시간에 동생과 공원을 거닐며 햇빛을 받아먹었다.

"괜찮아?"

내가 동생에게 물었다.

"언니는, 괜찮아?"

우리 서로 같은 질문을 했고 아무도 그 질문에 그렇다 아니다 답할 수 없었다.
서로가 괜찮을 리 없을 테니까

그렇게 길고도 짧은 6일간의 입원이 끝났다.

동생은 국시를 준비해야 하는 해여서 매우 바빴지만, 나의 자취방에 같이 들어와 살았다. 그 타이밍에 룸메이트 언니는 외국에 가 있던 터라 나 혼자 살고 있었다. 내가 약은 잘 챙겨 먹는지, 밥은 잘 챙겨 먹는지, 울거나 불안해하는 횟수가 늘어나지는 않는지 수시로 챙겨봤다. 나는 조금씩 정신을 차릴 때마다 동생의 국시 공부를 도와주었다. 암기하는 방법, 기출문제로 공부하는 방법 등 우리는 서로의 부족한 부분을 채워주며 상부상조하며 지냈다. 동생은 어느 날 집에 가서 엄마·아빠를 만나고 왔다. 그 뒤 상황은 나는 상상도 할 수 없었다. 나중에 엄마에게 들어보니 잔인하게 화를 냈다고 했다. "이런 상황을 알면서 어떻게 아빠랑 언니를 만나게 했던 건데, 완전히 분리해야지." 이 말에 엄마는 펑펑 울면서 "엄마가 어떻게 해야 할지 모르겠더라." 라고 말했다고 한다.

지금 생각하면 엄마는 참 무지하고 어리석었다. 천하의 우리 엄마라고 생각했던 엄마는 생각보다 나약하고 연약했다. 동생은 당장 나의 안정을 위해 엄마가 행동하지 못한 것에 화를 냈고, 아빠를 경멸하듯 대했다. 눈도 안 마주치고 같이 식사도 하지 않았다. 동생은 매우 화가 났었다. 분노에 차올랐다는 표현이 더 알맞은것 같다.

엄마도 동생도 화가 났고 슬퍼했다. 나를 위함이라기 보단 각자 아빠에 대한 원망과 분노가 생겨났던 것 같다. 하지만 나는 같이 슬퍼해 주는 것에 마냥 편안하진 않았다. 슬퍼할 뿐 이들이 정말 내 편이 되어서 무언가 도움을 줄 수 있을 것이란 확신이 없었다. 아빠가 침대 속 내 곁에 누울 때 나는 두 눈을 꼭 감고 아무 저항도 하지 않았던 이유이기도 하다.

동생에게 한없이 미안했다

　동생은 어렸을 때부터 체구가 작고 몸이 약했다. 두 살 밖에 차이가 나지 않지만, 초등학교를 1년 늦게 들어갔다. 그럼에도 반에서 가장 키가 작았다. 내가 열한 살일 때 동생이 1학년이 되었다. 엄마는 꼭 동생 손을 붙들고 학교에 가라고 했지만 나는 친구들과 함께 재잘거리며 등교하고 싶었다. 동생 걸음걸이에 맞춰 거북이처럼 걷고 싶지 않았다. 친구들과 뛰어다니고 싶었다. 하지만 초등학교를 졸업할 때까지 나는 동생 손을 잡고 등교를 해야 했고 친구들 사이에서 나는 같이 등교할 수 없는 친구로 낙인찍혀버렸다. 게다가 동생은 대학을 재수해서 들어가다 보니 나와의 사회생활 격차는 더 벌어졌다. 작고 연약한 동생은 갑작스럽게 양쪽

다리를 수술해야 했고 그런 채로 간호학과에 입학했다. 치료를 받으러 매달 지방에서 서울까지 휠체어를 타고 가는 동생을 위해 나는 한 달에 한 번 알바를 쉬고 보호자로 함께 갔다. 대학 생활도 외롭지 않을까 걱정이 앞섰고, 어릴 적부터 동생에게 손이 많이 갔던 만큼 마음이 더 쓰였다. 애가 타고 안타까운 마음 뿐이었다.

우여곡절 끝에 수술한 다리로 대학 1학년을 잘 마무리한 동생이 대견했다. 2학년 초, 봄이 되자 동생이 나이팅게일 선서식을 한다고 했다. 애초에 나이팅게일 선서식 모습에 반해서 간호학과를 택했던 동생인 터라 이날만큼은 선서식 이후 가족 모두가 함께 외식을 하기로 했다. 기뻐야 할 자리고, 축하해야 할 자리인 줄 잘 안다. 2시간 안에 끝날 외식인 줄을 알면서도 내 마음은 너무 무거웠다. 이미 독립을 한 이후이기에 아빠로부터 더 이상 위험한 상황이 발생하진 않지만 그 상처는 여전히 아프고 고통스러웠다. 때문에 아빠와 마주 보고 앉아 식사한다는 것을 생각하는 순간부터 심장이 빠르게 뛰고 호흡이 가빠지기 시작했다. 동생을 축하하기 위해 모인 자리이니 나의 모든 심리적 고통은 짓눌러야 했고 난 그게 당연하다고 여겼다.

필요시 복용할 수 있는 알약을 두 알 먹고 선물을 사러 가기 위해 버스를 탔다. 간호사라는 직업의 특성상 아날로그시계를 많이 사용하는 동생을 위해 예쁜 손목시계를 선물하고 싶었다. 그런데 작은 체구에 알맞은 조그마한 시계를 선물하려고 하니 가격을 보고 입이 떡 벌어졌다. 시계가 클수록 비쌀 줄 알았는데 시계는 그냥 원래 비싼 물건이었다. 패션 시계가 아닌 좋은 시계를 선물하고 싶은 언니의 욕심 때문이기도 했다. 그렇지만 매일 자주 사용하는 물건이니 좋은 선물을 하기로 결정했고 나의 기준에 충분히 값비싼 시계를 구입해 포장해 갔다. 다음 달 손가락 빠는 일은 다음 달에 생각하기로 했다.

　내 동생은 그 어느 때보다 예쁘고 단아하게 머리를 묶고 하얀 천사 같은 옷을 입고 있었다. 어릴 적 나에게는 돌봄의 대상일 뿐인 아이가 어느새 이렇게 어른이 되었나 싶었지만, 아직 나의 아픔을 이야기하기엔 여전히 어리고 여리게만 느껴졌다. -이 시점은 동생이 아무것도 몰랐을 때다 - 식사하며 동생에게 선물을 건넸다. 사실 그 당시 나는 사회 초년생이라 월급이 197만 원이었고 더 나은 독립을 위해 매달 150만 원씩 저축했다. 그리고 월세가 20이었던 것을 감안하면 나의 월급과 나의 저축 비율을 볼 때 50만 원짜리 시계는 꽤 큰 비용을 투자한 선물이었다. 하지만 한 번쯤 동생의 노력에 대해 축하해주고 싶었다.

　동생의 축하 파티는 문제없이 잘 마쳤다. 나의 가짜 웃음과 아빠의 뻔뻔한 웃음, 엄마와 동생의 행복한 웃음이 모든 축하 파티를 완벽하게 마무리시켜 주었다. 나는 동생을 챙기는 예쁜 언니가 되었고, 동생은 열심히 노력하는 귀여운 막내가 되었다. 엄마는 두 딸을 멋지게 잘 키운 자랑스러운 엄마가 되었고, 아빠는 이 모든 여자를 지키고 보호하는 든든한 남자가 되었다.

예쁘게 포장된 시계만큼이나 우리 가정의 분위기도 예쁘게 포장되어 있었다.

그렇게 지켜주고 싶은 동생이 의도치 않게 모든 것을 확인하는 순간을 준 것에 내심 마음이 가벼워졌다가 다시 한없이 무거워지는 순간이기도 했다. 내 잘못은 아니었지만, 동생에게 한없이 미안한 감정이 생겼다. 이 모든 게 내 잘못인 것처럼……

나를
일으켜준
사람들

그냥 그녀가 좋았다

그녀를 다시 만난 건 대학교 입학식 날 뒤풀이 자리에서였다. A를 다시 만났다는 사실에 묘한 전율이 느껴졌다. A를 처음 만난 건 재수학원에서였다. 학원에서 가장 똑똑한 그녀였고 나는 같은 공간에서 가장 멍청한 찌질이였다. 얼굴만 아는 그녀가 내심 부러웠다. 그런 그녀를 같은 학교 같은 과에서 다시 만난 건 운명이라 생각됐다. 동기들보다 4살 많은 A였기에 동기들과 술자리나 모임에 잘 참석하지 않았고 수업이 끝나면 쌩하고 사라졌다. 아는 척을 하고 인사 한 번 하는 것도 힘들었다. 수업 시간엔 A를 찾는 내 눈길이 바빠졌지만, 번번이 실패했다. 그러다 어느 날 기적처럼 그녀 옆자리에 앉게 되었다. 수업 시간 내내 나는 어떻게 하면

A와 통성명하고 연락처를 받을 수 있을지 고민했다. 수업이 끝나고 나는 2시간 동안 연습했던 말을 꺼냈다. A는 그런 나에게 싱긋 웃어 보이며 연락처를 건넸다.

그냥 A가 좋았다. 특별한 이유는 없었다. 언니다웠고, 부드러운 카리스마 속에 여린 마음이 있을 것 같았다. 그녀가 너무 좋아서 많은 시간을 함께하고 싶었다. 신은 그때까지만 해도 내 편이었다. 연락처를 교환하고 난 며칠 뒤 A에게 문자가 왔다.
'나 오늘 수업 대출 좀 해 줄 수 있어?'
그녀의 부탁이라면 뭐든 다 해 줄 수 있었다.
'네 언니. 걱정하지 마세요.'
그렇게 나는 그녀와 친해졌다. 내가 A의 대출(대리 출석)을 해 준다는 걸 안 동기들의 대출 부탁이 이어졌지만, 단호히 거부했다. 내 애정을 그렇게 표현하고 싶었다. 그 후로 우린 더 가까워졌다.

평소 지각이 잦은 언니와 함께 학교를 가려고 일찍 버스를 타고 언니 집 앞 정류장으로 갔다. 그러고는 언니가 나올 때까지 하염없이 학교를 향하는 버스를 그냥 보냈다. 왜 이렇게 늦는지 전화하거나 재촉을 할 수도 있었지만 그러지 않았다. 불편하게 하고 싶지 않았고, 그냥 그렇게 기다려서라도 같이 있고 싶었다.

대학교 2학년, 크리스마스이브 날 저녁, 버스에서 함께 내려 언니를 집 앞

통로까지 바래다주었다. 평소의 재잘거림과 다르게 마음이 무거웠고 어느새 언니 집 앞 통로까지 도착했다. 그리곤 잠시 고민 후, 아빠가 나를 성폭행했다는 사실을 고백했다. 고작 만난 지 1년이 채 안 된 언니에게 나는 무엇을 신뢰하여 이런 깊은 이야기까지 하게 된 건지 아직도 잘 모르겠다. 그렇지만 평생을 함께할 인연이라는 확신이 있었고 언니라면 나를 위로해 줄 수 있는 사람이라고 생각했다. 눈물을 뚝뚝 흘리는 나를 언니는 말없이 꼭 안아주었다. 따뜻한 핫팩을 포기한 채 주머니 속 손을 꺼내 나를 껴안아 줬다. 그녀의 아름다운 크리스마스 이브는 뜬금없는 내 고백에 급하게 막을 내려야 했다.

 시간이 흘러 내가 언니를 따르고 좋아하는 만큼이나 언니도 나를 존중하고 아껴주었다. 함께하던 대학 시절, 우리는 현실과 동떨어진 동화 같은 꿈도 함께 꾸었다. 언니는 층고가 높은 건물에서 자기만의 아이디어를 마음껏 펼치고 실현할 수 있는 꿈의 공간을 가지는 걸 상상했다. 지금 생각하면 큰돈이 드는 일이라는 생각밖에 들지 않지만, 그 당시 우리들은 그런 꿈을 꾸면서 매일매일 피터 팬처럼 살아갔다. 현실에 맞닥뜨려서 하기 싫은 공부도 머리를 쥐어뜯으며 함께 하며 주어진 상황도 소홀히 하지 않으려 노력했다. 같은 계절이 다시 돌아올 때마다 현실에 가까워지는 학년이 되었지만 우리는 돈도 벌고 세상에 부딪혀가면서도 동시에 만나면 꿈을 꾸고 서로의 꿈을 그려보고 응원해 주기도 했다. 졸업 후 나의 직장이 정해지면서 근처 작은 아파트에서 같이 살게 되었다. 내 인생 첫 독립이었고 첫 나의 룸메이트였다.

첫 독립에 대한 로망이라는 게 누구에게나 있겠지만 우리도 그랬다. 소박하지만 행복하게 살고 싶었다. 그러나 실상은 그저 매우 소박하기만 했다. 살림살이가 넉넉지 않았다. 어느 더운 여름, 1994년 이래 가장 더운 그 여름에 우린 에어컨이 없는 집에 살았다. 냉장고며 세탁기며 필요한 가전을 중고로 구입하느라 당장 에어컨을 살 돈이 없었기 때문이다. 서로가 원치 않았지만, 너무 더운 나는 속옷까지 다 벗고 집을 활보했다. 하루에도 물 샤워를 수십 번씩 하는 나였기에 언니는 나의 미친 행보를 이해해 주었다.

엎친 데 덮친 격으로 하루는 냉장고가 고장 났다. 중고로 산 냉장고가 어쩌면 물건 값보다 수리비가 많이 나올 것 같아 덜컥 겁이 났다. 인터넷으로 자가 수리를 검색해 보니 냉장고와 냉동실에 있는 음식을 모두 스티로폼 박스나 아이스박스로 옮겨두고 진행해야 한다고 했다. 아이스박스를 사기엔 금액마저 부담스러웠다. 우리는 냉장고에 있는 음식을 옮겨 담을 스티로폼 박스를 찾아 나섰다. 그 많던 생선가게들은 왜 죄다 스티로폼 박스를 전날 버린 건지…. 그 무더운 여름에 우리는 고작 스티로폼 박스 때문에 하루 종일 땀을 뻘뻘 흘리며 돌아다녔다. 물론, 돈이 있으면 다 해결될 일이었지만 우리에겐 돈이 없었다. 가난한 청춘의 풍족한 추억을 만들어 주는 일은 그 이후에도 종종 생겼다.

제아무리 좋아하는 사람이라도 서로 싸우지 않을 수가 있을까. 우린 수십 번도 더 싸웠다. 왜 지금 청소해야 하느냐, 왜 설거지를 이렇게 두느냐, 신발장 안이 이게 뭐냐 등 싸울 거리가 신발장에 들어서면서부터 베란다 끝까지 줄지어 서 있었다. 서로 다른 성향과 먼저 배려 받고 싶은 마음이 커서 일어난 다툼이었다. 하지만 다툼은 오래가지 않았고 상대에게 사과하고 서로를 다독여주며 그 싸움을 마무리했다. 마치 부부처럼 우린 서로를 의지했고 유일하게 서로의 꿈을 응원해 주던 사이었다. 내 꿈을 응원해 주는 사람을 내 인생에서 또다시 만날 수 있을까? 지금도 여전히 함께 꿈꾸며 미래를 그리던 그 시절이 아주 그립다.

꿈을 꾸며 같이 대화하는 순간만큼은 아빠의 기억에 대한 아픔이 모두 잊혀지는 듯 했다. 그래서 언니를 더 찾고 함께하고 싶었을지도 모른다. 나의 꿈을 물어봐 주고, 그 꿈을 진심으로 응원해 주고 구체적으로 같이 이야기 하는데 그렇게 설렐 수가 없었다. 동화 속에 사는 기분이 들었다. 하지만 행복한 시간은 나에게 그리 오래 머물러주지 않았다. 아빠의 그림자는 깊고 진해서 나를 순식간에 지하 100층으로 끌어 내렸다. 아픔을 묻어둔 채 꿈을 꾸며 기뻐하는 시간 잠시, 깊숙이 숨겨 놓은 아픔은 눈 깜짝할 사이에 밖으로 조금씩 터져 나왔다. 힘들어하고 울고 고통스러워하는 나를 언니는 늘 안아주고 품어줬다. 나 대신에 같이 욕해주고 나와 같이 눈물을 흘려주었다. 그 모든 말과 행동은 언제나 진심이었고 나는 그 진심을 표현하는 능력을 너무나도 닮고 싶었다. 사람을 진솔하게 대하는 것, 진솔한 감정을 숨김없이 표현하는 것. 사회에서는 손해 보는 행동일 수도 있겠지만 사람을 대할 때에는 정말 필요한 모습이라고 생각했다. 아빠와의 일이라는 큰 고통을 겪은 20대에서 언니가 곁에 없었다면 난 이미 이 세상 사람이 아닐지도 모르겠다. 나를 믿고 지지해 주는 단 한 사람이 있어서 지금의 내가 있고 또 앞으로 살아갈 나의 모습도 기대된다. 나를 지켜주고 함께 아파하느라 보낸 언니의 세월에 내가 어떻게 보상해 줄 수 있는지 모르겠지만 언젠간 언니를 위해 도움이 되는 사람이 되고 싶다는 마음이 들었다. 그게 언제 어떤 방법이든 나에게 도움을 준 그 긴 세월을 내가 잊지 않고 오랫동안 추억으로, 감사함으로 기억하고 싶다.

언니는 지금도 이야기한다.

"난 네가 편하게 살면 좋겠어."

나도 똑같은 마음이다.

"난 언니가 평안하면 좋겠어."

미친 친구들이 나를 살렸다

부부 같던 우리 옆에는 또 다른 이들이 있었다. 우울함과 불안함으로 정신과 약에 취해있을 무렵, 교회 친구 하나가 전화가 왔다.

"나 코로나라서 회사 좀 쉬어야 하는데 너희 집에 잠깐 들러서 커피 한 잔해도 돼?"

누군가를 집에 초대한다는 건 초등학교 생일파티 이후 꽤 오랜만이었다.

"응. 그래 놀러 와, 커피 한 잔 줄게."

그런데 이 친구 내 자취방이 너무 편안하다며 직접 집에서 가져온 인형을 머리에 베고 누워서 재잘재잘 이야기를 시작한다. 우울해하고 있던 나로서 매우 당황스러웠지만 그 재잘거림이 나쁘지 않았다. 그런데 친구가 갑자기 어디론가 전화를 걸었다.

"영미야, 나 이화 언니 집인데, 너도 놀러 올래?"
응? 이게 무슨 상황이지? 영미를 알긴 했지만 당황스러워서 되물었다.
"영미가 오겠대?"
"응! 아주 좋아하던데? 지혜 언니도 같이 온대."

교회 다니는 애들은 문화가 좀 다른 건지 얘네가 좀 특이한 건 진 잘 모르겠다만, 교회 친구들이 하나둘 나의 자취방에 놀러 오기 시작했다. 코로나가 시작되어 출근하지 않는 친구들이 생기면서 얘네들이 아침부터 우리 집에 와서 하루 종일 머무르다 갔다. 처음에는 조금 당황스러웠다. 내 몰골이 지금 말이 아닌데 왜 온 거지? 이 상황이 어리둥절했다.

그런데 밥시간이 되고 해가 져도 얘네들이 집엘 가지 않았다. 난 이제 오후 약을 먹고 잠을 자야 하는데….
'에라 모르겠다. 약을 먹고 그냥 옆방 가서 자야겠다. 나머지는 자기들끼리 놀라고 하지 뭐.'
눈을 떴을 땐 맛있는 깔깔대는 친구들의 웃음과 함께 맛있는 냄새가 났다.
"언니~ 저녁 파스타 어때? 설거지 내가 할 게 신경쓰지 말구 다 차려놨으니 얼른 눈 뜨고 나와!"

눈 뜨자마자 저녁으로 파스타를 먹었다. 요리가 전공인 친구였는데 정말 맛있는 파스타를 해줬다. 그리고 무엇보다 우울의 늪에 빠져있으면 밥하기가 참 힘든데 친구 덕분에 밥을 한 끼를 먹을 수 있어서 정말 감사했다.

친구들은 휴식까지 맛있게 해 먹고 밤늦게 되어서야 집에 갔다.
"영미야, 너 인형 들고 가야지."
"아, 그거 여기 둘게, 어차피 나 내일 또 올 거야."

난 특별히 무언가를 하지 않고, 약을 먹고, 졸리면 잠을 잤고, 잠에서 깨면 멍하니 앉아 있기만 했다. 서너 명이 시끌벅적 모여서 아침마다 맛있는 음식을 하기 위해 장을 봐서 우리 집에 쳐들어왔다. 요리도 하고 게임도 하며 나의 하루하루를 지켜주었다. 때로는 집에 가지 않고 우리 집에 같이 자기도 했다. 코로나 시절 누구나 외롭고 힘들 수 있을 때, 우리는 서로를 챙기며 시간을 보냈다. 정확히 말하자면 친구들이 나의 공허함을 채워주기 위해 매일 고생을 했던 것 같다.

어느 날, 이 친구들이 드디어 미쳤다.
"언니, 통영에 막국수 맛있는 집 아는데 먹으러 가자."
갑자기? 통영? 지금? 막국수 하나 때문에?
'나 우울증 환자야.'라는 말이 턱 끝까지 차올랐지만 할 수 없었다. 우울증 환자는 통영 가서 막국수 먹으면 안 된다는 법은 없으니까. 갑자기 우르르 모두 파자마에서 외출복으로 갈아입더니 차에 타기 위해 신발을 신기 시작했다. 우린 정말 미친 것 같았다. 마치 먼 나라 여행 가서 즉흥적인 일정을 즐기는 듯 한 기분을 나는 지금 내 집에서 느끼고 있었다. 그 뒤로도 이런 뜬금없음은 종종 일어났다. 이따금 차를 몰고 바다를 구경하러 갈 때면 꼭 수학여행을 온 듯한 설렘이 있었다. 그 순간만큼은 불안하거나 우울한 감정이 조금 사그라들었다. 그렇게 3개월이라는 시간이 흘렀고, 친구들은 각자의 자리로 다시 복귀했다. 짧은 3개월은 우리들의 여행 같은 추억으로 남겨졌다.

가장 가까워야 할 가족과 멀어지고 남이었던 누군가가 가족의 자리를 메꿔주기도 했다. 고마운 사람들이었고 지금도 여전히 감사하다. 그런데도 나는 늘 '진짜 가족'이 고팠다.

천사 같은 남편

하고 싶은 것도, 배우고 싶은 것도 많던 나는 20대에 결혼할 생각이 전혀 없었다. 악착같이 살아내는 것도 버거운 20대에 연애와 결혼은 나에게 사치였다. 오는 연락이라고는 다양한 알림톡과 광고 문자, 친구들의 재잘거리는 무의미한 이야기 단톡방 뿐이었다. 주고받는 연락은 부모님이나 영혼 없는 안부 인사들이 전부였다. 그중 매주 카톡을 보내는 교회 내 목장의 리더가 있었다. 나보다 여섯 살이나 많으신 분이었다. 통상적인 연락이었다. 잘 지내고 있는지, 이번 주 함께 할 기도 제목이 있는지 연락을 주셨다. 교회의 리더로서 매주 해야하는 신도들을 챙기는 의례적인 연락일 뿐이었지만 진짜 내 기도 제목은 어차피 공개할 수 없는지라 딱히 없다는 말로 답을 했다. 그리고 역으로 질문했다.

"그럼, 리더 오빠의 기도 제목은 뭐예요?"

어떤 인연인지 모르겠지만, 알고 지낸 지 3년에 서로 대화한 적도 없는 사이였는데 문득 같이 식사를 하자고 내가 먼저 제안했다. 교회 분이랑 같이 밥 먹으면 마음의 위안을 얻고 좋지 않을까 생각해서였다. 그런데 약속 날짜가 다 되었을 때 나의 몸 상태가 좋지 않아 다시 입원하게 되었다. 그래서 약속을 조금 미룰 것을 요청했다. 흔쾌히 이해해 주었고 나는 입원하여 다시 정신없고 고통스러운 정신력을 치료하고 나왔다. 그리고 그 약속을 잊고 있었다.

어김없이 같은 요일에 연락이 와서 기도 제목을 물었다. 그때야 생각이 났다.
"오빠, 우리 같이 밥 먹기로 했었죠?"
"응, 근데 네가 일이 있다고 해서 조금 미루기로 했고 아직 날짜는 안 정했어."
1주일이 넘는 긴 시간을 비우는데 무슨 일인지 묻지도 않고, 언제가 좋을지 날짜를 묻지도 않고 기다려주었다는 사실이 너무 미안했다. 다시 재빠르게 약속을 잡고 같이 밥을 먹었다.

두 번, 세 번 같이 또 식사했다. 그리곤 그날 저녁 그분께 고백했다.
"오빠, 우리 사귈래요?"

뭐랄까, 이 정도 든든한 체구의 남자인데 세심한 사람이면 내가 기대고 의지해도 될 것 같은 확신이 들었다. 게다가 나의 부모님은 신앙생활을 하지 않는데다가 이젠 믿을 수도 없는 사람이 되어버렸다. 신앙생활에 안정감을 느끼고 싶었는데 오빠의 부모님들은 모두 교회에 성실히 잘 다니시는 분들이셨다. 시간이 지나 나중에 고백했던 때를 물어보았더니, 나이 차이가 6살이나 나서 본인이 먼저 다가오면 멀어질까 봐 먼저 말하지 못했다고 했다. 그렇게 내 연애가 시작되었다. 물론 코로나여서 대부분의 데이트는 식당과 카페가 전부였다. 흔한 영화관도 못 가보고, 공원의 산책도, 공연이나 연극도 모두 불가능했다.

몽글몽글한 연애 가운데 평안함과 안정감이 있었다. 이유는 모르겠고 어떤 느낌인지 설명도 어렵지만 그냥 평안하고 안정감이 느껴졌다. 오랜 기간 만난 좋은 인연 같은 느낌이랄까? 그간의 연애에선 느껴보지 못한 결혼에 대한 확신이 있었다. 사람들은 결혼을 앞두면 상대의 능력, 부모의 재력, 외모 등 모든 걸 파악한다고 하던데 콩깍지가 두꺼워 따지는 게 하나도 없었다. 사실 내 이상형에 딱 맞아떨어지기도 했다. 언제나 곰돌이 푸 같은 남자를 만나고 싶다고 친구들에게 노래하듯 말했는데 실제로 진짜 곰돌이 푸와 똑같다. 문득 이 만남이 연애가 아닌 결혼이면 좋겠다고 생각했다.

  그 첫 번째 이유는 원가족이 아닌 나의 가정을 꾸릴 수 있겠다는 희망이었다. 더 이상 지긋지긋한 원가족에게서 벗어나 나도 다시 새로운 가정을 꾸리고 다시 시작하고 싶은 마음이 간절했다. 두 번째 이유는 이 사람이면 나를 평생 아끼고 지켜줄 것으로 생각했다. 세상의 어떤 것으로부터도 나를 지켜줄 수 있을 것 같은 든든함이 있었다. 그렇게 사귄 지 한 달이 되던 때, 나는 결혼 이야기를 꺼냈고 우린 바로 결혼 준비를 시작했다.

 마음만 먹으면 결혼은 한순간에 이루어진다고 누가 그랬던 것 같다. 사귐과 동시에 3개월 만에 상견례를 하고 신혼부부 대출을 위해 혼인신고를 치렀다. 그리고 작지만, 예쁜 우리만의 보금자리를 계약했다. 같은 해 겨울 우린 부부가 되었다.

 남편과의 결혼은 내 인생의 한 줄기 빛이었다. 헤어 나올 수 없는 어둠의 굴레에서 벗어나게 해주었고, 두려운 이 세상을 뒤에서 든든히 지켜줄 사랑하는 그와 함께 할 수 있다는 사실이 감사했다. 남편이 나에게 주는 사랑만큼 나는 그에게 사랑을 주지 못했다.

 정확히 말하면 사랑하지만, 사랑을 주는 방법을 몰랐다. 고맙다는 말조차도 부끄러워하던 나에게 사랑한다는 표현은 감히 사치였다. 사람에게 사랑을 받는 법도 주는 법도 몰랐던 나는 결혼 초 남편을 외롭게 만든 것 같은 미안함이 있다. 내가 할 수 있었던 것은 나만의 방식으로 사랑을 표현하는 것이었다. 자취 요리밖에 할 줄 모르지만, 저녁밥을 짓기 위해 남편 퇴근 두 시간 전부터 노력하고, 남편이 아끼는 조카에게 최선을 다해 웃으며 친절하게 대하고, 시댁에 가면 한 가족처럼 잘 스며들기 위해 무진장 애를 쓰고 또 노력했다.

'사랑해'라는 말을 입으로 할 줄 몰라 내 온 신경을 다 써서 '사랑해'를 몸으로 표현했다. '진짜 가족'이 생겨서 마냥 좋았다. 이렇게 마침표로 내 인생을 설명하면 얼마나 좋았을까? 인생은 호락호락하지 않았다. 적어도 나에겐 늘 쓴 물을 삼켜야 했다.

죽는다면 오늘이 딱 이네

결혼하고 반년쯤 지났을까? 결혼생활은 안정적이었지만 삶의 전부가 될 수 없었다. 더 이상 삶에서 의미를 찾기가 불가능했다. 내가 믿는 하나님 말씀이 적혀있는 성경책에서 무언가 해답을 찾아보려 해도 사랑하는 마음으로 용서하라는 답변뿐이었다. 더는 미워할 힘도 없어 용서해 볼까 싶었다. 도대체 용서하라는 말뿐, 방법은 찾아볼 수 없었다. 그래서 그런 척해보기도 했지만, 늘 실패로 끝이 났다. 내가 예수님이 아니니까 당연한 거라고 스스로를 위로해 봤다. 나약한 인간임을 드러내는 순간은 언제나 늘 있었다.

대체휴일을 앞둔 저녁이었다. 주말을 포함해 3일 정도 푹 쉬면 다시 재충전이 되리라는 기대와 함께 다음날 남편과 가벼운 데이트 계획도 세우고 잠을 청했다. 설레는 마음으로 침대에 누웠고 피곤했던 남편은 먼저 곯아떨어졌다. 11시, 12시, 1시, 2시. 새벽 시간은 흘러가는데 도통 잠이 오질 않았다. 잠도 안 오는데 끝내지 못한 업무라도 하자 싶은 맘에 옆방으로 몸을 옮겼다. 일은 도통 손에 잡히지 않았다. 피곤과 짜증이 몰려드는 순간 내 눈에 연필꽂이가 보였다. 커터 칼이 아무렇지 않게 늘 그 자리에 꽂혀있었다. 어떤 계획도 없었다. 심장이 발끝까지 내려앉았다. 갑자기 손바닥에 땀이 흥건해졌고 잠옷에 문질러 손바닥을 연신 닦았다. 그리곤 조용히 커터 칼을 집어 들어 오른쪽 엄지손가락에 힘을 주고 칼날을 밀어 올렸다. 칼을 쥔 손이 부들부들 떨고 있었다. 주먹을 꽉 쥐고 있는 빈데 손이 보였다. 소리 없이 울었다. 한참 시간이 흐르고 속으로 되뇌었다.

'쉬는 날도 끼어있고…. 죽는다면 오늘이 딱 이네.'

이제 더 이상 세상을 미워할 힘도 없었고, 상처를 꾹꾹 묻어둔 채 아무렇지 않은 척 살아갈 힘도 없었다. 정신 줄을 놓게 만드는 약물치료에도 지쳤고, 시간이 지나면 잊힌다는 망각의 힘을 기대하기에도 그때의 기억이 너무 선명했다. 차라리…. 삶을…. 포기하는 게 더 쉬워 보였다. 아주 찰나에 스친 생각이었지만 생각은 거스를 수 없이 강력했다. 삶을 정리하는 것이 유일한 해결책처럼 느껴졌다. 이 삶보단 칼날이 덜 아플 것 같았다.

하나 둘 셋.

후드드득. 무거운 빨간 장맛비가 장판에 쏟아지는 소리가 방안을 가득 채웠다. 붉은 살갗이 보이게 벌어진 손목의 가죽을 보고 있으니, 세상이 멈춘 듯 아무 소리가 들리지 않았다. 울고 있었지만, 소리가 나지 않았다. 엉엉 소리 내 울 수조차 없었다.

얼마나 지났을까. 죽고 싶었지만 살고 싶었다. 안방에서 곤히 자는 남편을 깨웠다. 놀란 남편은 수건으로 내 손목을 눌러 지혈하려 애쓰며 총알처럼 응급실로 나를 데리고 갔다. 안타깝게도, 동시에 다행스럽게도, 내 계획은 실패로 끝났다. 나는 스테이플러로 찢어진 손목을 6번 정도 박은 듯 한 모양으로 벌어진 손목을 꿰매고 집으로 돌아왔다. 죽음의 실패가 너무 힘들게 느껴지는 며칠이 지났고 정신을 차려보니 월요일이었다. 나는 연차를 쓰지 않고 아무렇지 않게 출근했다.

가벼운 머그잔 하나도 제대로 들지 못하는 손이 되었지만, 별수 없었다. 어김없이 월요일이 다가왔고 별말 없이 출근했다. 살아버렸으니 살아가야 했고 미친 듯이 몰입할 수 있는 무언가가 필요했다. 할 일 많은 내 직장이 처음으로 괜찮다고 느꼈다. 쉬지 않고 밀려오는 업무는 차라리 너저분한 감정 정리보단 감당하기 쉬웠다. 웃겼지만 평소보다 업무집중도 좋았고 결과물도 만족스러웠으나 퇴근길은 늘 회색이었다.

첫 번째 자살 시도 후 한 달이 지났을까? 스테이플러로 박은 첫 상처가 아직 다 아물기 전이었다. 남편의 가슴을 한번 후벼 파고도, 나는 또다시, 죽음을 결심했다. 남편에게 산책을 다녀온다고 하고 나와 천천히 공원을 거닐었다. 지나가던 길 보이는 편의점에 들어가 커터 칼을 샀다. 마치 과자 한 봉지 사듯 자연스러웠고 즉흥적이었다.

그때부터 심장이 요동치기 시작했다. 주변을 천천히 걸었다. 해 질 녘부터 걷기 시작해 완전한 저녁이 되었다. 공원 내 산책로에서 조금 떨어진 나무 아래에 앉았다. 오른손에 커터 칼을 쥔 채, 왼팔의 옷소매를 조금 걷어 보았다. 한 달이 채 지나지 않아 아직 선명한 수술 자국이 보였다. 나 스스로가 불쌍하거나, 이 상황이 너무 우울하게 슬프거나 뭐 그런 감정이 느껴질 줄 알았는데 그렇지 않았다. 감정이 차갑다 못해 얼어버려서 무뎌진 느낌. 너무 검은 색이라 어떤 색깔을 넣어도 변하지 않을 것 같은 느낌. 모르겠지만 그냥 무섭게 차분했다. 두 줄의 수술 자국을 가지고 깨어나 살아갈 자신은 없어서 이전보다 힘껏 손목을 그었다. 힘줄을 끊어내는 소리와 동시에 왼팔을 나무 아래 잔디 위에 툭 떨어뜨렸다. 이제 진짜 끝이구나 라는 생각을 하니 무섭게 차분했던 감정이 사라지고 눈물이 났다. 신기했다. 눈물이 나올 수 있다는 사실에 놀라웠다.

남편은 경찰서에 실종신고를 했고 많은 경찰들이 위치추적을 통해 나를 찾으러 돌아다니다가 공원 나무 아래 앉아 쓰러져가는 나를 발견했다. 나는 지난번보다 깊은 손목 안 검붉은 살갗을 보았고 피를 멈추지 못한 채 구급차에 탔다. 기억이 흐릿해져 갔고 나에게 다음 기억은 없을 줄 알았다. 하지만 나는 또다시 눈을 떴다.

인생 참 뜻대로 되는 게 없구나. 사는 것도, 죽는 것도

두 번의 자살 시도 끝에 남은 것이라곤 퇴사였다. 어디로도 갈 곳이 없었다. 남편은 어느 순간부터 나와 연락이 되지 않는 순간들을 매우 불안해했다. 게다가 나는 많은 간섭을 싫어하고 어느 정도 시간과 공간을 필요로 하는 성향이었다. 그런 나에게 남편이 위치 추적 공유 앱을 함께 설치하자고 제안했다. 너무 놀랐다. 집착인가 싶을 만큼 깜짝 놀랐다. 하지만 이내 이해하고 수긍했다. 내가 남편의 입장이었어도 같은 제안을 했을 것 같았다.

위치추적 앱이란 상대와 나의 동의를 받고 서로의 위치를, GPS를 통해 추적할 수 있는 유무료 서비스이다. 무료 서비스의 경우 한 번에 2분간 총 5번씩 상대의 위치를 확인할 수 있고 유료 서비스의 경우 무제한으로 가능하다. 대부분의 경우 부모가 아이들의 안전을 위해 설치를 하고 이따금 커플이나 친한 친구들끼리 사용하기도 한다. 이 앱은 상대의 위치를 확인하여 안전을 확인할 수 있다는 장점이 있지만 사생활을 침해받아 원하는 시간에 원하는 곳에 가는 데 공개되어야 한다는 단점이 있다.

결국 우리는 위치추적 앱을 설치했다. 그리고 서로의 이름을 등록하고 위치가 제대로 뜨는지 직접 확인했다. 위치추적 앱으로 인해 초반에는 다툼도 많았다.

"오늘 어디에 갔더라? 왜 갔어?"

그 말 자체로도 화가 나고 피곤했다. 내가 어딘지, 무엇을 하는지 전화나 문자로도 충분히 물어볼 수 있는 데에도 굳이 앱을 사용해서 나를 감시하는 듯 한 기분이 들어서 기분이 좋지 않았다.

"그냥 어딘지 궁금하면 어디냐고 물어봐 주고, 뭐 하고 있는지 궁금하면 뭐 하냐고 물어봐 주면 안 돼?"

남편은 잠깐 고민하더니 그러겠다고 답해주었다. 마치 앱이 우리 사이의 대화를 가로막는 것 같아 서운하기도 했다. 그리고 이따금 남편 몰래 어디를 가서 홀로 쉬고 싶을 때 시도 때도 없이 연락이 와서 들어오라고 하는 경우가 있다. 그럴 땐 정말 빡쳐서 휴대전화를 끄기도 했다. 그런데도 내가 아직 남편과 이 앱을 사용하고 있는 이유는 우리 부부 사이에 아직 이게 필요하다고 생각하기 때문이다. 사랑하는 남편이 느끼는 불안감을 해소해 주고 싶은 배려이다. 두 번의 자살 시도로 손목을 그은 아내를 응급실에 데려간 남편은 아주 불안하고 힘들어할 수도 있다고 당연히 생각한다. 그래서 남편의 불안감이 어느 정도 내려가고 이제 더 이상 필요하지 않다고 말해줄 때까지는 앱을 계속 사용할 예정이다. 난 나의 작은 불편함보단 남편이 더 소중하다.

이혼을 각오하다

트라우마로 인한 자살 시도가 두 번 지난 후, 남편이 조심스레 말했다.

"네가 계속 힘든데 나 혼자 더 감당할 수가 없어. 우리 엄마·아빠에게 말해서 내가 출근했을 때 널 챙겨달라고 도움을 청하자."

오빠를 힘들게 만든 게 미안했고, 결국 내가 믿고 싶은 든든한 남편에게도 나는 버거운 존재라는 생각에 마음이 더 무거웠다. 시부모님께 모든 사실을 말하게 되면 이혼을 당할 거란 생각에 두려웠지만 힘든 남편을 더 힘들게 하고 싶지 않아 마음에 모든 걸 내려놓고 시댁에 찾아갔다. 둘 다 단정하게 차려입고 시댁 안방에 들어갔다. 밝은 나무색 장판 위에 앉아 무릎을 꿇었다. 어머님이 그러지 말고 편히 앉아 이야기하라는 말에 남편은 울면서 사실을 이야기했다.

"사실 와이프가 자살 시도를 했어요. 아빠가 몸에 손을 댔어요. 성폭행을 당한 경험이 있어서 지금도 힘들어해요."

나랑 오빠는 고개를 푹 숙인 채 눈물을 흘렸다. 하지만 어머님은 일말의 고민도 하지 않으셨다. 내 손을 잡아주시면서 말씀하셨다.

"괜찮아, 괜찮아. 아이고 얼마나 힘 들었을까? 밥은 먹었니? 점심 이제 차릴 거야. 밥 먹고 가."

전혀 예상치 못한 전개에 나와 오빠는 서로 눈이 마주쳤다. 슬픈 눈이었지만 둘 다 어리둥절한 눈이었다. 엉거주춤 자세를 애매하게 취하다가 결국 어머님 말씀대로 점심을 먹으러 부엌으로 나갔다. 며칠 후, 시댁에 다시 방문했을 때 아버님이 방으로 부르셨다. 그러고는 눈을 감고 나를 위해 기도해 주셨다. 온전히 나의 마음을 회복하고, 나의 가정의 행복과 내 현재의 평안함을 위해 간절하게 기도해 주셨다. 나는 이혼해야 하는 상황에 놓이거나 혼자가 된 게 아니라, 새로운 부모를 다시 얻게 되었다. 결국 남편의 선택이 옳았다. 그리고 궁극적으로는 이런 시부모님을 둔 남편과의 결혼을 준비한 나는 인생에서 가장 멋진 선택을 했다.

결혼식을 떠올리면 단발머리가 생각난다. 인생에 단 한 번일 수 있는 결혼식 때 난 왜 단발머리를 했을까? 단 한 번 인생에서 가장 예쁜 순간에 왜 나는 웃지 않고 표정이 굳었을까? 결혼식을 생각하면 별 아쉬운 생각들이 다 들어온다. 다시 할 수도 없는 노릇이지만 그렇게 노력해서 준비할 필요도 없었던 것 같다.

신부 입장에 나는 아빠의 팔짱을 끼고 걸어 들어갔다. 난 아무렇지 않다고 수천 번 되뇌었고 수백 번도 넘게 나 자신을 다독였다. 그리고 긴장 가득한 채로 아무 기억도 남지 않은 채 결혼식은 끝이 났다. 딱 하나만 빼고. 결혼식 식순 중에 양가 부모님께 인사를 하는 시간이 있었다. 우리 친정에 먼저 인사를 한 후, 시부모님께 가서 인사를 했다. 그런데 시어머님이 나를 꼭 안아주시면서 "사랑해, 축복해."라고 말씀해 주셨다. 순간 눈물이 왈칵 나와서 참을 수가 없었다.

 나의 인생에 누군가가 사랑한다. 축복한다고 말하는 걸 들어본 적이 없어서이기도 하지만 시부모님의 진심 어린 환영이 느껴졌기 때문이기도 하다. 그 뒤로 난 어딜 가든 시댁 자랑을 하고 다닌다. 어딜 가도 우리 시부모님이 제일 최고여서 당당하고 어깨가 쫙 펴진다. 그런데 새로 들어올 며느리가 친정아버지에게 성폭행을 당했다면 며느리로 맞이할 수 있을까? 웬 아침드라마 같은 어처구니없는 이야기가 따로 없다. 비겁했던 나는 두려워서 남편에게 이 사실을 알리지 않고 결혼을 준비했다. 정신과 진료를 받는다는 사실은 미리 알고 있었지만 어떤 이유에서인지는 설명하지 않았다. 결혼했고, 이윽고 문제가 생겨버렸다. 끝없는 재경험 트라우마로 밤잠을 설치며 결국 오빠에게 사실을 고백했다. 오빠는 이야기를 듣고 담담하게 말했다.

 "이제 내가 지켜줄게. 괜찮아" 남편은 더 이상의 상세한 상황을 듣고 싶어 하지 않았고 나도 더 이상 말하지 않았다. 그렇게 남편은 나를 받아들여 줬다. 그리고 또다시 남편을 아프게 했다.

시어른들은 지금도 내가 출근할 때 손자를 봐주시면서 동시에 나의 건강 걱정도 함께 하고 계신다. 어머님이 "힘들지 고생한다."라는 말이면 언제 들어도 눈물이 왈칵 쏟아진다. 아버님의 고심 끝에 보내시는 장문의 메시지를 보면 나의 든든한 지원군이라는 느낌을 확실하게 받는다. 원가족을 잃었지만, 새로운 가족을 얻었다. 상상할 수 없이 좋은 사람들이라 정말 감사하고 죄송하다. 너무 죄송해서 차마 감사하다는 말이 입 밖으로 떨어지지 조차 않는다.

남편은 시간이 흘러 농담으로 "나 사기 결혼 당했어."라고 말한다. 남편의 농담에 화를 내지 않는 나를 발견한다. 이 말을 주고받을 정도로 내 마음이 많이 회복되었음에 감사하고 싶다. 세상엔 생각보다 쓰레기가 많지만 놀랄 만큼 멋진 사람들도 존재한다.

오빠 앞으로도 나랑 살 거야?

"남편은 내가 어디가 좋아서 결혼했어?"

가끔 물어보지만, 그때마다 남편은 모호한 답변을 한다. 그래서 아직도 궁금하다. 내가 남편이 좋아서 결혼하고 싶은 이유는 두 가지였다. 하나는 오빠와 함께 있을 때 느끼는 안정감과 평안함이고 다른 하나는 시부모님의 멋진 성품이었다.

그토록 원한 결혼이지만 나는 여전히 파도 위에 있다. 얕은 파도를 잘 넘어가더니 어느 순간 갑작스레 큰 파도를 만나 바다 속으로 빠져버렸다. 보드로부터 점점 멀어져갔다. 다시 돌아오지 않을 세상이기를 기대하며 커터 칼을 이용해 손목을 그었다. 내일이 없길 간절히 원하며 눈을 감았지만 결국 남편 가슴에 못을 박는 일만 만들어버렸다. 데이트를 미리 약속해 둔 다가오는 주말을 기대한 남편에게 악몽을 꾸게 했다. 동틀 무렵, 응급실에 가서 수술 후 집에 돌아왔다. 방바닥에 가득 고여 굳어버린 채로 어지럽혀 있었다. 책상부터 의자까지 피가 튀었고 바닥은 흥건했다. 피를 닦으며 엉엉 우는 남편을 아무런 표정 없이 바라봤다. 참 미안했다. 내가 자살을 시도하고도 나를 내치지 않은 남편에게 물어봤다.

"오빤 앞으로도 계속 나랑 살 거야?"
"여보, 그런 질문 하지 마. 난 늘 네 옆에 있어."

안도하는 마음이 반 그럼에도 의심하는 마음 반이었다. 생각해 보면 우리 가족도 늘 내 곁에 있을 줄 알았는데 그렇지 않았다. 우리 아빠는 영원히 내 아빠일 줄 알았는데 어쩌다 보니 나에게 씻을 수 없는 피해를 준 가해자가 되었다. 그런데 만난지 얼마 안 된 남편의 말을 어찌 다 믿을 수 있나? 사람에 대한 불신만 깊어졌고 남편이 나에게 한 걸음씩 다가올수록 나는 한걸음 씩 뒷걸음질을 쳤다. 사랑이 진심인지에 대한 불신으로 가득 찬 어리석은 상태였기 때문이다.

내친김에 남편에게 하나 더 물었다.

"오빠, 내가 아빠 일을 결혼 전에 미리 말하지 않고 결혼하고 나서 오빠한테 말했잖아. 그때 오빠 어떤 생각이었어?"

답을 기다리며 침을 한 번 꿀꺽 삼켰다. 뭐라고 답을 하던 각오는 되어있었지만 내심 두려웠던 건 사실이었다.

"우리 결혼할 때 서약했잖아. 상대가 힘들고 아플 때도 언제나 곁에 있어 주기로. 난 그 서약에 진심이었어. 그래서 네가 어떤 일을 겪었다고 해도 너와 갈라설 생각이 없었어. 그랬다면 부모님께 널 데려가지 않았을 거야. 도움을 받아 문제를 해결하고 싶었던 거지, 너와 헤어지고 싶었던 게 아니야."

시간이 흘러 남편은 행동으로 자신의 말을 증명했다. 내가 정신과에 입원했을 때도 지방에서 서울까지 차를 몰고 올라와 줬고, 퇴원하고 싶다고 못 버티겠다고 난리를 쳤을 때도 별말 없이 다시 차를 몰고 올라와 줬다. 왕복 10시간이 넘는 운전에도 힘든 기색 하나 없이 끝까지 나의 배고픔과 심리적 컨디션을 챙겨줬다. 퇴근 후 오빠와 함께 있어야 할 시간에도 친구와 산책을 보내주고 내 시간을 배려해 주기도 했고, 임신 중에 수박이 먹고 싶을 때는 태풍이 몰아치는 와중에 비바람을 맞으며 시장에 가서 수박을 사다 주기도 했다. 밤 중 잠이 들다가 악몽을 꾸면 항상 깨어나 나를 꼭 안아주고 머리를 쓰다듬어 주었다. 지금도 나의 밤잠을 설칠까 봐 출산 이후부터 한 번도 거르지 않고 새벽에 깨서 아이의 기저귀를 갈아주고 퇴근 후면 매일 아이 목욕을 시켜준다. 아이가 아파서 엄마로서 무서워하고 있을 때, 내 손을 꼭 잡아주었다. 이제 남편이 했던 그 말에 대한 의심은 하나도 없다. 남편은 언제나 내 옆에 있다. 그리고 나도 언제나 남편 옆에 오래오래 있고 싶다.

　장난삼아 오빠가 늘 하는 말이 있다.
"아빠가 아들 장난감 차 사줄게. 그럼 엄마는 아빠한테 차를 사줘야겠다."

　남편의 농담 속엔 언제나 진담이 들어있다. 진짜 차가 갖고 싶은 거고, 심지어 갖고 싶은 차종도 구체적이고 명확하게 나에게 알려줬다. 한결같이 끊임없이 나에게 차종에 관해 설명해 준다. 하지만 아이에게 그런 말을 하면서도 이 말을 내가 부담스러워할까 봐 조심스럽게 눈치를 본다. 하지만 수십 번 그 이야기를 들어도 전혀 부담스럽지 않다. 진심으로 열심히 일을 해서 남편이 좋아하는 차를 사줄 수 있는 아내가 되고 싶다. 차가 아닌 더 큰 선물이라도 남편의 기쁨을 위해서 선물할 수 있는 사람이 되고 싶다. 당장 지금의 목표는 열심히 돈을 벌어 오빠가 좋아하는 차를 사서 선물할 수 있는 아내가 되고 싶다. 선물하는 기쁨이 나에게 있어서 감사하다.

친정엄마 같은 작가님을 만나다

A의 소개로 작가님을 만나게 되었다. A의 생각엔 내가 다시 사고를 저지르거나 큰 상처 속에서 헤어 나오지 못하고 있는 것 같다고 느꼈고, 도움을 청할 곳이 필요하여 작가님의 도움을 요청한 것 같다. 당시 A를 가장 정신적으로 지지해 주던 작가님께 A는 나를 좀 살려달라고, 한번 나를 만나달라고 간곡하게 부탁했다. 나는 한창 사람을 마주하고 싶지 않던 차라 그녀를 만나지 않겠다고 했지만, A는 한번만 만나보고 결정하자고 했고 한 번만 만나 보기로 했다. 너무 정신이 없는 상황에 사람을 만나는 거라 긴장되긴 했지만, A가 함께 있기로 해서 그렇게 하기로 했다.

어느 카페 2층에 서로 마주 보고 앉아 어색한 인사를 건넸다.

"A가 많이 아끼는 동생이라고 들었는데, 지금 많이 힘들다고 들었어요. 어때요. 지금은?"

나는 처음 만나는 사람에게 미주알고주알 다 털어놓는 게 맞는지 확신이 서지 않았다. 그런데도 왠지 모르게 낯선 사람에게 최근 이야기 정도 털어놓는다고 해서 큰 문제가 될 것 같지도 않았다. 작가님께 최근 자살 시도를 두 번이나 했고, 그리고 곧바로 퇴사한 상태라는 것까지 이야기했다. 그러자 작가님께서는 "똥빼기"라고 불리는 치유의 글쓰기를 추천해 주셨다.

"마음속에 쌓여있는 똥을 빼야 해. 근데 미친 듯이 열심히 빼 내야해. 조금만 빼고 또다시 일상을 살아가면서 깨끗한 물이 들어가도 마음속은 여전히 똥물이야."

아무 이득 없이 나를 도와주러 나오신 따뜻한 마음을 가진 작가님이 표현을 참 신랄하게 하셨다. 똥물이라니.

마음속에 알게 모르게 쌓인 많은 더러운 똥들을 다른 사람에게 묻히거나 던지는 건 문제가 되지만 글로 토해내는 건 아무 문제가 되지 않는다고 하셨다. 하지만 토해내지 않고 있는 건 내 몸에 똥을 묻혀놓은 거랑 같다고 하셨다. 내 마음의 똥을 비워내기 위한 작업을 하다 보면 생각도 맑아지고 몸도 가벼워진다고 말씀해 주셨다. 이런저런 다양한 노력에도 늘 치료가 반복되던 나는 더 이상 피할 수 없는 마지막 동아줄처럼 느껴졌고 당장 집에 가서 치유의 글쓰기를 해보기로 마음먹었다.

한 시간 남짓 만난 후 집에 도착해서 노트북을 열었다. 한 단어 쓰기가 참 어려웠다.

'아빠, 아빠 때문에 힘 들었어. 나쁜 사람이야.'

뭔가 엄청난 나쁜 죄를 지은 느낌이었다. 아빠보고 나쁜 사람이라니…. 어떻게 딸이 그런 말을 할 수 있지? 그리고 그 뒷이야기를 어떻게 이어 나가야 하는지 도저히 상상할 수가 없었다. 이렇게 써놓곤 작가님께 카톡을 했다. 똥을 시원하게 빼야 하는데 욕하는 건 나쁜 거라 잘 못하겠다고 말씀드렸다. 작가님께서 바로 카톡 답장이 오셨다.

"못 하겠다고? 누구한테 피해를 주니? 난 그게 교육된 지랄이라고 본다."

생각을 좀 달리 고쳐먹기로 했다. 내가 아빠 얼굴에 대고 아빠에게 욕을 하는 것도 아니고, 다른 사람에게 아빠 욕을 하는 것도 아니고, 내가 욕을 할 일이 아닌데 욕을 하는 것도 아니니까 마땅히 비난하면서 내 마음을 위로해 줄 필요도 있었다. 마음속에서 아빠를 미워할 때 작가님은 치유의 글쓰기로 똥을 뺄 수 있도록 많이 도와주셨다. 나를 딸처럼 챙겨준 첫 어른이기도 하다.

작가님은 다양한 능력을 갖추고 여러 사업자를 가지고 계셨고 나의 삶에 다방면으로 가르쳐주시며 큰 도움을 주셨다. 작가님이 가진 사업자를 통해 지원사업을 해보고 싶다고 하니 흔쾌히 응해주셨다. 그때부터 나는 다양한 지원

사업들을 찾아보며 내가 관심 있는 분야의 사업계획서를 작성해 보기 시작했다. 아무것도 모르고 시작했던 것이 지금은 제법 익숙해져 있고 여전히 설레고 즐겁다.

만난 지 얼마 지나지 않아 급속도로 가까워진 인연의 계기도 참 신기하지만, 성향도 잘 맞았다. 시간이 지나 지금 되돌아보면 성향이 잘 맞았던 게 아니라 내 성향에 잘 맞춰주신 것 같다. 내가 힘들고 어려운 이야기를 밖으로 꺼내 털어놓을 수 있도록 대화를 잘 이끌어주셨고 대화 가운데 내가 진짜 원하는 게 뭔지 조금씩 더 명확하게 찾을 수 있도록 도와주셨다.

작가님과의 오랜 대화 끝에 나는 더 이상 도덕적 책임감에서 벗어나 아빠를 미워하는 마음을 편히 가질 수 있게 되었고 덕분에 미워하는 마음 하나에 집중하고 풀어놓을 수 있었다. 착한 아이 콤플렉스를 조금 내려놓게 된 셈이다. 그리고 내가 원하는 바를 조금씩 찾아 나섰다. 내가 일차적으로 원한 것은 직접 제대로 된 사과를 받고 싶고 다시는 연락을 주고받고 싶지 않았다. 직접 그렇게 전화로 이야기할 수 있도록 힘과 용기를 주셨고 마침내 작가님 덕분에 나의 울타리가 조금 더 단단해졌다.

지금도 항상 그 이야기를 하신다. "내가 네 친정이야. 힘들면 여기 와서 쉬어."

사실은 말만 들어도 마음이 평안하다. 내가 기댈 곳이 있다는 것, 그것을 너무나도 원했기 때문에 마음이 든든해지고 괜스레 어깨를 펴고 당당하게 걸을 수 있게 됐다. 싫으면 싫다고 말해도 되는 거였다. 아니면 아니라고 말해도 되는 거였다. 괜히 에둘러 표현해서 상대를 혼란스럽게 할 필요도 없었고, 억지로

예스맨이 되어 불편한 감정을 모두 떠안을 필요도 없었다. 지금껏 알고도 실천하기 어려웠던 일인데 이젠 더 이상 미룰 수 없었다.

　엄마와 동생의 연락이 잦았다. 그저 가벼운 안부 인사일 뿐이었지만 그마저도 아무렇지 않게 연락해 오는 게 화가 났다. 마치 내가 그들에게 실망했다는 사실을 무시한 것 같은 기분이 들었다. 나는 더 이상 무시당하는 기분을 느끼고 싶지 않아 그들에게 내 생각을 명확하게 전달했다.

　"아직 나는 연락할 기분이 아니야. 내가 지금은 연락하고 싶지 않아."

　우유부단한 딸이 갑자기 딱딱하게 표현해서 엄마도 동생도 적잖이 놀란 눈치였다. 그렇지만 아무리 말해도 내 말을 알아듣지 못한다면 나의 표현을 바꿔야겠다고 생각했었다. 물론 생각만 했지 실제로 실천해 본 적은 이번이 처음이었다. 사실 쉽지 않았다. 전화기를 들고 말하기 전까지 입술이 부들부들 떨렸다. 말 안 하고 그냥 넘어가고 싶은 마음도 있었다. 왜냐하면 이 망할 놈의 착한 아이 콤플렉스 때문이다. 나쁜 딸이 되는 것 같아 조금 신경이 쓰이기도 했다. 장미가 예쁘다고 더 이상 가시가 있는 장미 줄기를 꼭 쥐고 있을 순 없었다. 이젠 나도 긁히지 않은 예쁜 꽃으로 피어날 거니까.

　지금은 친정엄마 같은 작가님과 함께 일을 하고 있다. 일의 강도는 높고 힘들지만, 여전히 설레고 재미있다. 지금껏 직장 중에 이렇게 오랜 기간 싫증나지 않고 계속 설렜던 일터는 없었다. 컨디션이 좋지 않을 땐 쉬면서 에너지를 충전할 수 있도록 시간을 배려해 주시고, 사회에서 배우지 못한 사소한 것들도 배울 수 있게 도와주셨다. 상대에게 명함을 건네는 방법부터 손님께 커피 잔을 대접하는 방법까지. 학교에서도 배우지 못했고 다른 직장이었다면 큰 호통이 오갔을 상황일지도 모르겠다. 어떻게 일이 늘 재밌을 수가 있지? 매일의 출근이 기대되고 설렌다.

언제나 항상 물어보신다.
"이 일 하고 싶어? 하기 싫으면 안 해도 돼. 설레지 않으면 하지 마."

설레는 일만 해도 괜찮다고 말씀하신다. 모든 일에서 내가 할 의사가 있는지 물어보시고 내 생각을 존중해주신다. 나이 차가 나지만 평등한 관계로 의견을 주고받으니 업무상 의사소통도 훨씬 수월한 편이다. 그리고 함께 일하면 땀 흘려 일한 성취감을 같이 느낄 수 있다. 다 때려치우고 싶을 만큼 힘든 업무도 끝이 보이고 마침내 마무리하고 나면 서로를 격려하고 칭찬한다. 그때의 그 희열감은 우리 둘만이 느낄 수 있는 최고의 감정이다. '함께'의 긍정적인 부분은 이런 거였구나 싶었다.

생존자의
기술

깊은 내면의 탐색

이번 장에는 건강한 생존자의 기술에 대한 이야기를 써 볼까 한다. 첫 기술은 바로 치유의 글쓰기다. 온전히 나의 감정을 돌아볼 방법이다. 작가님은 이 기술을 '똥빼기'라고 부르셨다. 마음속에 쌓인 나의 서러움과 아픔들을 혼자서 아무도 보지 못할 때 타이핑으로 써 내려 가면 된다. 똑같은 말을 반복하든, 문법이나 맞춤법이 틀리든 아무 상관없이 나의 아픔을 쓰면서 똥을 빼는 작업이다. 열심히 똥을 빼다 보면 눈물 콧물도 줄줄 같이 빠져나온다. 한번 시작하면 2시간은 기본 훌쩍 넘어가고 지나간 글은 10페이지도 넘는다. 왜냐하면 아무 말이나 적었기 때문이다. 그렇게 똥도, 눈물도, 콧물도 다 빼고 나면 머릿속과 마음이 고요한 바다와 같아진다. 깨끗해지고 생각이 조금 가벼워지는 것을 느낄 수 있다. 시간이 날 때마다 지금, 이 순간 나의 감정이 어떤지를 되돌아보기에 똥빼기는 나에게 기가 막힌 치료 방법 중 하나였다.

 똥빼기를 하다 보면 어린 시절 내가 기억하는 나의 아픔에 대해부터 쓰기 시작한다. 별거 아닌 일에 부모님께 서운했던 일, 억울하게 선생님께 혼나서 기분이 상했던 일 등 작은 똥부터 천천히 빼다 보면 큰 똥을 건드릴 준비가 된다. 물론 심리적 저항도 만만찮다. 치유의 글쓰기를 쓰면서 마주하는 아픔과 어려움은 견딜 만했다고는 말 못하겠다.

 노트북을 열고 키보드 위에 열 손가락을 올리기까지 수백 번도 더 고민하며 시작하지 않을 핑계거리를 찾았다. 눈물을 닦을 깨끗한 수건이 없어서, 집 밖에 울어대는 고양이 소리가 너무 거슬려서, 실내조명이 눈을 불편하게 해서 등 자신도 어이가 없는 이유를 갖다 붙여본다. 그렇게 악을 쓰며 버티다가 기분이 바닥을 칠 때쯤 모든 핑계는 그저 핑계에 불과함을 깨닫는다. 조용히 노트북을 연다. 수건이 없으면 휴지를 꺼내고, 고양이가 울면 내가 더 크게 울어버리면 되고, 조명이 눈이 불편할 땐 그냥 불을 꺼버리면 될 것이었다. '진작 꾸준히 적을걸.'이라며 후회하고 반성하지만 개선되진 않았다.
 아픔을 마주하는 건 언제나 두려웠다. 의식의 흐름대로 머릿속에 상황을 그려가다 보면 엄마 잃은 아이처럼 숨넘어갈 듯 울고 있는 나를 마주하곤 했다.

아무것도 하지 않고 머릿속 흐름만 따라가며 울기를 1시간이 넘어가면 그때 서야 키보드 위에 손을 올린다.

  마침내 첫 문장을 쓴다. 항상 여기까지의 과정이 가장 힘들었다. 내가 무엇을 떠올려서, 어떤 감정을 느껴서 울었는지 첫 문장으로 쓰기 시작한 후엔 진짜 똥을 뺄 수 있었다. 그 상황과 감정에 대해 구구절절 써 내려가며 생각도, 감정도 정리했다. 순서대로 차근차근 배출했다. 당장 글로 풀기 복잡한 생각들은 굳이 그날 건드리지 않았다. 똥을 싸고 싶은 것이지 '잘' 싸고 싶은 것은 아니었으니까. 오래된 똥을 배출하고 나니 그 이후의 똥은 흐름을 타고 좀 더 쉽게 빠져나갔다. 동일한 사건에 대한 글을 지속적으로 뱉어낸 어느 순간, 글이 무미건조해졌다. 글은 그대로였을 수도 있지만 글을 마주하는데 더 이상 눈물이 나지 않았다. 변태같이 들릴 수 있겠지만 눈물이 나지 않는 치유의 글쓰기는 더 이상 재미가 없었다.

  큰 똥을 뺄 때는 주로 아빠에 대한 이야기를 가장 많이 했다. 직접 마주보고는 두려워서 하지 못할 말을 똥빼기를 통해 대신했다. 어차피 전달되지 않으니 상관없기 때문이다.

  그런데 똥빼기를 통해 느낀 아빠에 대한 감정은 여전히 두 가지였다. 존경하는 아빠를 잃지 않고 싶은 마음과 가까이하면 느껴지는 불안함이었다. 마치 예쁜 장미를 손에 꼭 쥐고 싶지만, 가시를 통해 손에 피가 흐를 것을 각오해야 하는 것 같았다. 장미 줄기를 손으로 잡을지, 나의 손을 다치게 할 장미에서 멀어질지 내가 선택해야 했다. 나는 고민 끝에 장미를 잡지 않기로 선택했다. 대신 나를 찔러 피가 흐르게 한 장미에 사과를 받겠노라 다짐했다. 아빠와 만남을 통해 제대로 사과 받고 싶었다. 물론 사과한다고 해서 용서해 줄 생각은 없었다. 다만 강해진 모습으로 당당하게 다시 사과를 요구하고 싶었다. 언젠가 다가올 그 날을 기다리고 있다.

 살면서 상대의 기분을 파악하고 적절하게 대응해 주는 일은 내 적성에 잘 맞았다. 상대를 배려하고 그들의 기분을 회복시키기 위해 들어주고 위로해 주는 일은 나의 기질적 특성이다. 그래서 많은 친구들이 나에게 이런저런 이야기를 했고, 나는 다양한 방법으로 해결책을 제시하지 않고 친구들의 감정 상함을 들어주는 데에 집중했다. 어릴 적 사회복지사나 상담사가 되는 게 꿈이었지만 인생은 늘 그렇듯 생각대로 흘러가지 않고 지금에 안착했다.
 그런데 나는 내 감정 상함에 대해서는 스스로 들어주지 않았다. 상황에 대한 내 기분을 스스로 알아채려 하지 않았고, 기분에 따른 감정변화에 귀 기울이지 않았다. 그래서 이번 기회에 오늘이 오기까지 내가 원가족에게 어떤 감정들을 느꼈는지 떠올려보았다.
 아빠와의 일이 있고 나서 내가 느낀 처음 감정은 놀라움이었다. 아빠가 나를 만졌다는 사실이 믿어지지 않았기 때문이다. 두 번째로 느낀 감정은 두려움이었다. 아빠가 다른 사람이 되어버린 것 같은 두려움과, 이 사실을 엄마와 동생에게 알렸을 때 내 편을 들어주지 않을 것 같다는 두려움이었다. 모든 것이 밝혀지고 느껴진 감정은 아빠에 대한 분노였다. 아빠는 나에게서 내가 가장 사랑하는 아빠를 빼앗아 갔다. 그게 너무 화가 치밀어 올랐다. 그다음 느낀 감정은 서운함이었다. 방관자로서 그 자리에 있던 엄마와 동생에 대한 서운함이었다.

나는 강해지기로 했다. 물러서지 않고 다가서기로 했고, 피하지 않고 맞서기로 했다. 나에게서 가장 중요한 20대라는 시간을 빼앗은 아빠에게서 가장 소중한 것을 뺏어서 벌을 주고 싶어졌다.

그러기 위해서 더 강해지기로 했다.

그러기 위해서 지금 글을 쓰고 있는지도 모른다.

엄마라는 새로운 이름표를 달다

    정신과 약물을 복용 중이어서 임신은 꿈도 꾸지 않았다. 사실 약과 무관하게 좋은 엄마의 표본을 경험한 적이 없어서 내가 좋은 엄마가 되지 못할 거라는 생각을 많이 했다. 정서적으로, 경제적으로, 사회적으로 아이에게 부족함 없이 양육할 자신이 없었다. 결혼한 지 일 년이 넘었을 무렵, 자신 없지만 초보 엄마가 되어보고 싶다는 말을 남편에게 했다. 아이를 갖고 싶어 했던 남편은 나의 결정에 매우 기뻐했다. 코로나가 한창 기승을 부릴 무렵, 남편이 회사에서 코로나에 걸려 자가격리 상태에 들어갔다. 자신은 건강하다며 코로나 위험이 없노라 큰소리를 쳤지만, 온 시댁 식구를 통틀어 가장 먼저 코로나에 걸렸다. 나는 같이 전염될 수 없으니 부득이 일주일간 시부모님과 함께 살게 되었다. 사랑하는 시부모님과 함께 사는 시댁살이지만 지금 되돌아보면 사실 며느리살이가 아니었다 싶을 만큼 대접받았다.

어느 날 아침, 게으른 평소의 나와 다르게 몸을 좀 풀고 싶어졌다. 다리를 양쪽으로 찢어 양팔을 위로 높이 뻗어 스트레칭을 했다. 그래도 불편해 몸을 다시 공처럼 웅크려 반대쪽 근육을 이완했다. 그럼에도 온몸이 뻐근했다. 느낌이 확실히 이상했다. 얼른 잠옷을 벗고 외출복으로 갈아입고 가까운 편의점으로 향했다.

"임신테스트기 하나 주세요."

솔직한 심정은 기대하는 마음 반, 두려운 마음 반이었다. 준비한 아이가 생길 수도 있다는 설렘도 있었지만 이렇게나 빨리 임신이 된다는 사실에 조금 두려운 것도 사실이었다. 남들은 몇 달씩 준비한다더라. 그래서 우리는 매단 테스트기를 6개월 치나 사두었는데 고작 2통을 채 다 쓰지 않았던 상태였다. 설마 했다. 결과는 두 줄. 임신이었다. 임신 준비한 지 두 달 만에 아이가 생겼다. 이 사실을 격리된 남편보다 지금 더 가까이 있는 시부모님께 먼저 전했다.

"어머니 아버지. 저 두 줄 나왔어요. 저 임신했대요."
무뚝뚝한 시아버지는 표시 내지 않으셨지만 하루 종일 밝으셨고 기분이 좋아 보이셨다. 내심 아이를 가지라는 말도 못 하고 기다려주신 시어머님 또한 기쁜 하루를 보내셨다.

남편에게 임신테스트기를 사진으로 찍어 보내줬더니, "너도 코로나야?"라고 했다. 그 당시 코로나 키트도 매우 유사하게 생겨 오해할 법도 했다.
"오빠, 이제 아빠 되겠네. 축하해"
"당장 코로나 격리 끝나면 병원 가서 아기집 보러 가자!"
남편은 정말 너무나 기뻐했고 나는 열 달을 품을 마음의 준비를 해야 했다. 아직은 낯설지만 동시에 기대되는 오묘한 감정들이 마음속을 오갔다.

정신과에 찾아가서 임신 사실을 알렸다.
"축하드립니다. 약을 이제 안 드시는 게 좋겠습니다. 힘 드실 수 있지만 엄마라는 사람은 강한 힘을 가졌어요. 환자분도 엄마의 힘으로 이겨내실 수 있을 거예요. 그래도 임신 중이든 출산 후든 언제든 힘들면 찾아오세요. 몸조리 잘하시길 바랍니다"

난 엄마의 힘이라는 게 뭔지 그땐 잘 몰랐다. 하지만 약을 끊은 후 이틀 정도 감정의 불편함을 느꼈다. 잠이 잘 오지 않거나 눈물이 조금 난다거나 하는 정도였다. 그거 이외에는 임신 내내 약의 필요성을 느끼지 못했다. 그렇게 엄마의 힘이라는 걸 조금 느꼈다. 그 심한 입덧과 토덧을 5개월이나 했고, 허리가 끊어질 듯 환도 통증도 출산 직전까지 느꼈다. 막달에 엄마 배를 뻥뻥 차대는 아이의 발길질은 수시로 나의 잠을 깨웠다. 하지만 어느새 뱃속에서 쑥쑥 자라서 37주 하고도 3일이 되었다. 밤 9시에 싸한 통증이 느껴지더니 밤새 통증의 강도와 빈도가 높아졌다. 쿨쿨 잠을 자던 남편은 깨워도 일어나지 않았다. 미리 깨울 필요도 없다고 생각했다. 왜냐하면 병원에서도 얼마나 오랜 진통을 해야 할지 모르니 조금이라도 덜 피곤해지길 바랐다. 12시간을 집에서 진통하다가 병원에 가서 출산했다. 아빠 손으로 직접 탯줄을 자르고 엄마 가슴 위에 아이를 뉘어주었다.

건강하게 우는 아이의 울음소리가 예쁘다는 생각보다 잘 키워낼 생각에 두려움이 더 컸다. 그리고 처음으로 엄마가 보고 싶었다. 우리 엄마한테 내 새끼를 보여주고 싶고 자랑하고 싶었다. 힘들게 출산한 나를 쓰다듬어주길 바랐다.

사람의 진심은 치유를 가져다준다

누가 자연분만이 낫다고 했던가?

누가 4시간 만의 분만을 순산이라 표현했던가?

이 말 한 사람들 모조리 잡아 한 소리 해주고 싶다. 고통스러운 출산이었다. 그렇지만 사실 산후조리가 더 힘들었다. 분만 당시 꼬리뼈가 골절되면서 앉을 수도 없는 상태로 조리원에 들어갔다. 모유 수유도 서서 하거나 누워서 하고 밥도 서서 먹어야만 했다. 출산 후 발바닥은 왜 이리 아픈지 서 있기도 힘든 지경이었다. 꼬리뼈는 몸의 정중앙에 위치해 어떤 동작을 할 때도 꼬리뼈에 연결된 근육이 함께 움직인다고 했다. 그래서 내가 무슨 움직임을 하든 꼬리뼈가 아팠다. 심지어

갈비뼈처럼 깁스도 할 수 없는 곳이었다. 차라리 조리원이 아닌 게 더 나을 뻔했다. 코로나로 인해 보호자도 없이 조리원에 있었는데 난 움직이기가 너무 힘들어 차라리 보호자가 있는 집에 가고 싶었다. 그렇게 열흘을 조리원에서 바쁘게 모유 수유를 하다가 시댁으로 몸조리하러 들어왔다. 천사 같은 우리 시어머님은 나를 보자마자 눈물을 흘리시며 꼭 껴안아 주셨다.

"고생했지? 정말 고생했다."

그 말 한마디에 모든 아픔과 고통이 다 내려가는 느낌이었다. 사람의 진심은 이렇게 상대의 마음에 치유를 일으킬 수 있나 싶었다.

어머님은 집에서 내 몸조리도 해주시고 육아도 같이 해주셨다. 밤중 유축을 위해서 시아버님께서는 항상 자기 전 내 방 앞에 두유와 계란을 가져다 놓아주셨다. 수유가 생각보다 많은 에너지가 쓰이는 줄 처음 알았다. 이렇게 정신없이 수유하고 기저귀를 갈고 옷 갈아입히고 재우고 씻기다 보니 벌써 3개월이라는 시간이 훌쩍 흘렀다. 나는 출산 3개월 이후 직장에 다시 복귀해야 했다. 몸의 마디 관절이 시려서 출산 전에 입어본 적도 없는 내복을 입고 출근했다. 그래도 추워서 매일 등에는 핫팩을 붙이고 다녔다. 젖가슴에서는 수시로 모유가 흘러나와 겨울옷이 흥건하게 젖어버리곤 했다. 젖은 속옷은 추운 날씨에 금세 얼어버려 가슴에 갖다 댄 아이스 팩 같았다.

그렇게 핏덩이 같은 내 새끼를 어머님께 맡기고 출근 후 일을 시작했다. 자연스레 우리 가족은 시어머님 댁에 눌러앉은 세입자가 되었다. 지금도 너무 좋아서 안 쫓아내셨으면 좋겠다. 아이를 낳기 전과 후는 불과 3개월밖에 차이가 나지 않는다. 그런데 남편과 나는 일을 대하는 생각이나 자세가 사뭇 달라졌다. 출산 이전에는 일해서 번 돈으로 맛있는 것을 사 먹었다면 출산 후 버는 돈은 아이의 분유와 기저귓 값이었다. 허리는 더 꼿꼿하게 펴져 있었고 우린 필사적으로 돈을 열심히 벌어 아이를 먹여 살려야만 했다. 직장에서 눈빛은 더욱 반짝였고, 엉덩이도 더 가벼워졌다. 조금 더 똑똑하게 일 처리를 하기 위해 노력했고, 결과에 실수를 가하지 않으려고 더 신중해졌다. 나와 남편은 조금씩 부모라는 무게감을 어깨에 함께 짊어졌다.

잠시 숨을 고르고 나니 머릿속이 복잡했다. 이 작은 핏덩이를, 만지면 부서질 것 같은 아기를 내가 어떻게 키워야 할지 앞이 막막했다. 다행히 시부모님의 도움으로 목욕도 시키고, 기저귀를 가는 법도 배우고, 아이를 품에 안는 방법도 배워나갔다. 밤낮없이 2시간마다 수유를 하고, 밤에 아이가 불편하진 않을까 수시로 깨서 확인했다. 남편도 나도 아이가 100일이 지나기 전까지는 피곤함에 다크서클을 늘 달고 살았다. 그렇지만 그 하루하루조차 행복했고 감사했다. 그렇게 점점 나는 엄마라는 이름표를 달아가고 있었다. 새로 생긴 엄마라는 이름이 나의 치유에 도움이 되리란 사실을 당시엔 알 도리가 없었다.

희망을 폐기하다

출산할 시기가 다가올 무렵, 갑작스럽게 엄마에게 화가 났다. 이유는 정확히게 모르겠다. 단지 엄마에게 이 사실을 털어놓은 지 꽤 되었는데도 엄마는 별거한다거나 아빠를 쫓아낸다거나 내가 갈 수 있는 새로운 친정의 공간을 만들어준다거나 하는 별다른 조처를 하지 않았다. 한 집에서 아빠를 미워하고 남처럼 살고 있는 거 말고는 달라진 게 없다. 사실 이제는 익숙해져서 그렇게 미워하는 것 같지도 않았다. 그렇지만 나도 내가 뭘 원하는지도 알지 못했다. 아빠와 별거하길 바랐는지, 아빠와 이혼하길 바랐는지 나의 마음을 그때는 잘 몰랐다. 그저 나보다 어른인 엄마가 현명하게 대처하지 않는 모습에 화가 났을 뿐이다. 만삭이 되었을 때부터 엄마와의 연락을 끊었다. 많은 고민이 있었던 건 사실이다. 출산하고 친정에서 몸조리한다는 것도 포기해야 했고, 예쁜 아기를 낳고 엄마에게 위로받는 것도 포기해야 했다. 그렇지만 그 모든 것들보다 나의 분노가 더 컸기 때문에 그냥 연락을 끊었다. 엄마와의 연락을 끊은 건 태어나 처음 있는 일이었다.

어느 날 밤, 갑자기 온 아랫배 통증에 밤새 진통을 견디고 아침에, 병원에 도착했다. 이미 30%가 열린 상태라 입원실이 아닌 분만실로 바로 이동했다. 무통주사의 부작용으로 인해 온전히 고통을 느끼며 12시간의 진통과 4시간의 분만 과정 끝에 핏덩이 같은 내 자식을 품에 안았다. 진통 간격이 올 때마다 참을 수 없는 고통을 느끼며 힘을 주었다. 많은 생각이 들었다. '우리 엄마도 나를 이렇게 낳았구나. 열 달을 품고 나를 낳기 위해 목숨을 걸었구나.' 진통이 아파서인지 엄마에 대한 생각들 때문인지 나는 침대 옆의 양쪽 손잡이를 꼭 쥐고 눈물을 흘렸다.

엄마에 대한 그리움을 안고 퇴원 후 조리원으로 이동했다. 쉴 줄 알았던 조리원은 끊임없는 모유 수유와 교육 프로그램 등 정신없는 하루를 보냈다. 수유할 때면 엄마가 떠올랐다. 조금은 미안함이 들던 찰나에 의무과에서 전화가 왔다. 조리원 의무과에 누가 결제를 하러 왔다고 했다. 올 사람이 없는데 누구지 싶어서 내려가 보니 엄마가 와있었다. 불편한 마음도 절반이었지만 내심 보고 싶었던 마음도 커서 눈물이 핑 돌았다. 다시 만난 엄마에겐 진통했던 이야기, 머리가 큰 아이가 골반에 걸렸다는 이야기. 분만 중 아기 머리가 골반에서 내려오지 않아 내 꼬리뼈가 골절된 이야기 등 어린아이처럼 재잘재잘 떠들었다. 내가 하고 싶었던 다정한 모녀간의 모습을 만들고 싶어서 나름 노력했다.

집에 갈 무렵 엄마는 나를 붙잡고 울면서 말했다.
"너희 아빠는 어쩌자고 너한테 그래서 이렇게 너를 못 만나게 됐나. 너희 아빠 불쌍해 죽겠다."

순간 머릿속에 폭탄이 터지는 느낌이었다.
내가 겪은 고통이 아니라 아빠의 불쌍함을 슬퍼하는구나. 진짜 불쌍한 내 모습은 지금 엄마 눈에 보이지 않는구나.

"아빠가 불쌍하면 아빠한테 가라. 그리고 다시는 이렇게 나 찾지 마."

태어나서 처음으로 엄마에게 단호하고 정확하게 내 의사를 전달했다. 늘 애매모호했던 내 모습은 그 순간에는 없었다. 엄마까지 잃는 것에 대한 두려움을 늘 가지고 있었지만 이미 잃은 것 같아 다시 붙잡고 싶은 마음은 없었기에 더욱 강하게 표현했다. 조리원 퇴소 후, 나는 시댁으로 들어갔고 시어머님의 도움을 받아 몸조리와 육아를 하며 엄마의 역할을 시작했다.

아이를 낳은 지 두 달이 채 안 될 무렵, 시부모님의 지극정성인 도움에 너무 감사하지만, 엄마의 도움을 받고 싶고 엄마가 보고 싶은 마음도 들었다. 하지만 여전히 아빠가 같이 사는 그 집에는 난 다시 들어갈 수 없는 노릇이었다. 방법은 늘 독립하고 싶다고 노래를 부르던 동생이 독립하는 것이었다. 전세를 구할 정도의 자금도 어느 정도 모은 동생이 자신이 근무하는 병원 가까이 독립하면 내가 그곳에서 친정의 따뜻함을 좀 더 느끼지 않을까 생각했다.

나는 동생에게 친정에도 가고 엄마와 너도 보고 싶다고 말했다. 저번에 네가 말했던 것처럼 가까운 월세로 자취방이나 오피스텔을 구하는 것을 제안했다. 하지만 내 동생은 늘 그랬지만 나보다 욕심이 컸다.

"미안해 언니, 나는 처음 독립을 월세나 전세로 시작하고 싶지 않아. 나중에 집을 매매해서 독립하고 싶어."

동생의 큰 꿈이 나에게 너무 서운함을 안겨다 주었다. 지금껏 어리고 보살펴야 하는 내 동생을 지켜온 나 자신이 바보 같았고 그런 언니의 희생을 몰라주는 동생에게도 화가 났다. 사실 동생이 그렇게 해줘야 할 이유는 없다. 그저 내가 서운했을 뿐이다. 가족이 내 편이 되어주지 않을 것 같아 저항하지 못했던 것이 현실이 되었던 순간이 엄마에 이어서 또다시 느껴졌다. 그렇지 않아도 내 편이 없는데 난 굳이 엄마와 동생에게서 마저 등을 돌렸다. 그렇게 난 왕따 피해자가 되었고, 세 명은 늘 함께했다. 알 수 없는 외로움이 밀려왔다. 모두가 내가 아닌 아빠를 택했다고 생각했다.

하지만 똥빼기를 통해 한 번 강해졌듯, 엄마가 되면서 다시 한 번 더 힘이 생겼다. 원가족이 나의 힘이 되어 주지 않는다고 해서 나에게 힘이 없는 것은 아니었다. 나의 힘이 되어주는 남편과 시부모님이 늘 든든하게 계셨고, 내가 사랑하는 내 아들이 있었다. 게다가 육아해야 했고 돈을 벌기위해 나가야 했기 때문에 나에게는 더 이상 외로워서 슬퍼할 시간도 에너지도 없었다.

고쳐 쓸 수 없는 것엔 희망을 버려야 한다. 가족은 등기부상에 있는 이름으로 설명할 수 없다. 내가 선택하는 내 사람이 가족이 될 수 있다.

원가족을 폐기하기로 했다.

당당히 보상을 요구하라

출산 후 몸조리도 채 하지 않았을 추운 겨울, 아빠를 카페에서 만나기로 했다. 태어난 외손자를 보여줄 생각은 전혀 없었다. 그저 입만 움직이는 영혼 없는 사과는 더 이상 필요 없고 원하지도 않았다. 나에게서 가장 소중한 20대 시절을 고통스럽고 어둡게 만들었으니 똑같이 벌을 주고 싶은 보복심리가 있었다. 생각해 보면 아빠는 20대가 아니니 시간을 뺏는다고 해서 큰 의미가 있나? 신고 후 감옥의 가면 시간도 뺏지만 동시에 명예를 실추시키기도 한다. 그래서 난 명예는 지켜주고 싶어서 돈을 앗아가는 벌을 주리라 마음먹었다. 그런 생각을 하기 이전 나는 변호사를 만나며 이런 경우에 대한 민사소송 및 형사소송에 대해 알아봤다.

물론 내가 알아본 건 아니다. 나는 아이 때문에 움직일 수가 없어서 나를 사랑하는 작가님께 도움을 요청했고 대신 변호사 사무실을 찾아다니며 도움을 주셨다. 여기저기 알아본 결과, 흔치 않은 경우인 데다 변호사 비용도 만만찮았다. 게다가 알아본 정보에 의하면 어떤 소송이든 다시 나의 고통을 건드려야 하는 큰 문제가 있었다. 상대를 벌을 주자고 내가 다시 상처로 들어가고 싶지 않았다. 우울하고 어두운 엄마가 되고 싶지 않았기 때문이다.

결국 직접 합의서를 만들었다. 아빠의 범죄에 대해 경찰에 신고하지 않는 조건으로 정해진 날짜까지 합의금을 지급하겠다는 합의서였다. 그리고 합의금은 범죄에 대한 사죄의 의미일 뿐이므로 합의금을 빌미로 가족 간의 관계 회복을 요구하지 말라는 내용도 함께 작성했다. 아빠의 요구사항에 따라 합의금이 지급되는 날짜까지는 경찰에 신고도 하지 않는다는 내용도 작성했다. 합의서를 작성하고 있는 나를 보니 내가 생각해도 스스로가 많이 냉정해졌고 날카로워졌다. 그런데 만들고 있는 내내 눈물이 흘렀다.

'이렇게까지 해야 하나, 아빠를 상대로 합의라는 걸 한다는 것이 가능한 건가?'

겉으론 눈빛조차 차가웠지만 실제 내 마음은 무너져 내렸다. 태어나 이런 딱딱하고 무서운 글이 쓰인 합의서를 내 손으로 만들고 있다는 사실, 상대의 소중한 것을 빼앗음으로 벌주겠다는 나쁜 마음을 가졌다는 사실이 내 마음속을 뭉개버리고 있었다. 하지만 내 아이를 지키기 위해선 어디서든 바보가 되어선 안 된다. 무서운 세상 가운데서도 조금씩 강해져야 하고 아이를 지키기 위해선 이제 나 자신도 지켜야 한다는 신념이 생겨버렸다.

그렇게 완성된 합의서를 손에 쥔 채 아빠에게 카톡을 했다. 잠시 카페에서 보자는 내용이었다. 추운 겨울, 패딩을 꽁꽁 말아 입어도 출산한 지 얼마 되지 않아 아직 모든 관절 마디가 다 시려왔다. 출산 중에 꼬리뼈가 부서진 덕에 카페 의자에 앉는 것도 쉽지 않았다. 약간의 긴장감으로 차분함을 찾던 중 아빠가 도착했다. 우린 마주 앉아 서로 아무 말도 하지 못했다. 절대 울지 않겠다고 다짐하고 갔기에 눈을 똑바로 바라볼 수가 없었다.

 소리 없이 심호흡을 크게 한 번 한 후, 먼저 아빠에게 그때 일에 대해서 제대로 정확하게 사과하기를 요구했다. 아빠는 그 자리에서 또다시 사과했고 나는 나의 고통에 대해 또다시 이야기했다. 늘 그렇듯 입으로만 하는 사과는 언제나 얼마든지 할 수 있는 사과였다. 그리고 가해자인 아빠를 신고하지 않는 대신 합의금을 요구한다는 합의서를 보여줬다. 큰돈이었다. 하지만 평생 돈의 노예였던 아빠에게서 돈을 빼앗는 것이 내 20대 인생을 빼앗긴 것도 가장 유사하다고 생각했다. 아빠는 합의서라는 문서 자체는 물론이고 큰 액수에 매우 당황했다. 줄 수 없다는 태도였다. 합의금을 줄 수 없으면 재판에 맡기겠다는 나의 글을 본 후

 "제발 아빠 좀 봐줘, 아빠 살려줘."

지금 누가 누굴 살려주고 봐준다는 건지 잘 모르겠다. 지난 10년 나는 사는 게 아닌 듯 살았는데 아빠는 고작 돈 때문에 살려달라는 말이 저렇게 쉽게 나오다니 어이가 없었다. 나는 개의치 않고 요구하고 자리에서 일어났다. 적어도 강해진 내 모습으로 아빠를 겁주기엔 충분했던 순간이었다.

10년 전 나의 우려가 현실로 나타났다. 첫 사고 때 엄마에게 바로 사고 사실을 말하지 않은 이유는 엄마가 내 편을 들어주지 않을 것 같았기 때문이다. 결국 그렇게 됐다. 우려한 대로 엄마는 아빠 편이었다. 나에게 전화 와서 울고불고하며 말했다.

"너네 아빠 좀 살려줘, 아빠가 그 돈이 어디 있니?"

2년 후면 정년퇴직을 앞둔 30년 경력 차의 교사가 돈이 없다고? 한없이 외로워진 마음을 굳게 단단히 하고 단호하게 말했다.

"엄마랑 할 대화는 아니야."

라고, 말한 후 말을 잠시 멈췄더니 엄마가 대화를 다급하게 이어 나갔다.
"엄마는 네가 아무 말 안 해서 아빠랑 이렇게 있어도 괜찮은 줄 알았다. 내가 잘 지내서 괜찮은 줄 알았다. 네가 이혼하라고 했으면 당장이라도 했을 거다."

어느 친족 성폭행 피해자가 말 안 한다고 괜찮으랴. 되지도 않는 변명이 나를 더 단단하게 만들었다. 화가 났지만 나는 외로움과 슬픔이 더 크게 느껴졌다. 모유수유를 하면서 통곡하며 엉엉 울었다. 그랬더니 아이가 젖을 더 빨지 않고 울기 시작했다. 그때 처음 알았다. 엄마의 감정이 아이에게 전달될 수 있다는 사실을. 너무 놀랐고 아이에게 미안했다. 그 뒤로는 절대 울고 싶은 마음으로 아이에게 다가가려 하지 않는다. 힘든 감정을 모두 정리하고 아이를 안아주고 뽀뽀해 주기로 마음먹었다.

최근 병원에서 상담을 받는 횟수가 주 1회에서, 주 2회로 늘어났다. 좀 더 깊은 상담을 위해서였다. 어느 날은 상담 도중, 심적인 불안함으로 인해 상담실 내에서 쓰러졌다. 그리고서 정신을 차리고 상담을 하니 의사 선생님께서 정신분석 상담을 위해 주 4회 상담을 제안해 주셨다. 고민해 보고 이야기해달라는 말씀과 함께 나는 고개 숙여 인사를 하고 문을 열고 밖으로 나왔다.

덜컥 겁이 났다. 왕복 4시간 거리의 운전부터 쉽지 않은 큰 도시의 운전 난이도. 게다가 무진장 더워서 한번 도착해서 움직이고 돌아오면 온몸이 땀에 젖어있다. 게다가 일에 빨리 복귀하고 싶은 마음이 큰데 '정신분석 상담'이라니…. 그 단어가 주는 무게감이 꽤 묵직했다. 이유는 모르겠지만 한두 달 내에 쉽게 끝날 것 같지 않은 불안감도 들어 선뜻 그 자리에서 그렇게 하겠다고 답변을 드릴 수가 없었다. 차를 운전한다는 것도 쉽지 않았다. 동승자 없이 왕복 운전을 혼자서 다 한다는 것은 사실상 아예 불가능한 일이었다. 자가용이 아닌 버스도 고려해 봤다. 그런데 그 시간과 비용과 에너지를 모두 부담할 자신이 없었다. 게다가 주 4회에 나가는 상담치료비도 만만치 않았다. 돈을 벌지도 않는데 지출만 할 생각을 하니 덜컥 겁이 났다. 남편에게 굳이 돈에 대한 불편함까지 주고 싶지도 않았다.

문득, 내가 이 개고생을 하고 있다는 사실을 아빠에게 알려야겠다는 용기가 생겼다. 적어도 치료에 필요한 비용은 달라고 해야겠다고 생각했다. 용기를 내어 아빠에게 전화를 걸었다. 이런 치료 전반 상황에 관해 이야기하고 내가 혼자 부담할 수 없으니 병원 다닐 때 필요한 비용을 합의금에서 미리 주고 차감해달라고 이야기했다. 11분간의 대화였다. 통화 종료 후 나는 바닥에 널브러졌다. 그리고 큰 소리로 울었다. 뭐가 슬펐는지 잘 인지하지 못했는데, 아빠 돈을 빼앗는 것 같은 하는 죄책감과, 이렇게까지 빡센 치료를 받고 있다는 힘겨움이 공존했던 것 같다. 아빠에겐 주유비와 병원비를 받았고 매달 치료가 끝날 때까지 받을 예정이다.

많은 생존자가 가해자에게 돈이나 다른 무언가를 제공받는 등 도움을 받지 않겠다는 생각을 많이 한다. 아마도 그게 스스로가 지는 거라고 생각하는지도 모른다. 그렇지 않다. 돈을 받았기 때문에 가해자를 당장 용서해야 할 것 같은 마음에서 벗어나도 괜찮다. 그저 가해로 인한 회복에 필요한 비용을 청구할 뿐, 용서에 대한 대가를 요구한 것이 아니다.

게다가 그들은 우리의 슬픔을 모른다.

정확히 말해서 전혀 모르고 상상도 할 수 없다. 그러니 좀 더 적극적으로 알릴 필요가 있다. 돈이 우리에게 모든 것은 아니라고 말할 수 있다. 하지만 돈이 지금 당장의 고통을 해결하는 데 적지않은 도움을 준다. 그만큼, 가해자에게 알려야 한다. 내가 일상에서 성장하는 게 아닌 단순히 일상으로의 회복조차 많은 돈과 시간과 에너지가 들어가는 치료를 받아야 한다는 사실을 알려야 한다. 돈은 누구에게나 소중하다. 나에게도, 가해자에게도. 자기의 잘못을 그렇게라도 죗값을 치루길 바란다.

신은 어떠한 순간에도 우리를 포기하지 않는다

아이를 가지려고 준비할 무렵, 작가님을 처음 만나게 되었고 새해를 맞이하여 작가님은 항상 성경 전체를 일독하고 한 해를 시작한다고 하셨다. 성경 전체를 한 번 다 읽을 때까진 좋아하는 책도 읽지 않는다고 하셨다. 나에게도 A에게도 일독을 한 번 해보는 걸 권유하셨다. 하나님께 바라면 안 되지만 그래도 1독하면 뭐라도 조금 나아지게 해주길 기대하며 일독을 시작했다. 좀이 쑤시고 눈이 아른거리고 목이 앞으로 빠질 것 같이 읽는 게 쉽지 않았다. 3개월이 채 되지 않는 기간 동안 아침에 눈 뜨고 밤에 자기 전까지 성경만 읽었다. 그리고 성경 일독을 마무리했다.

'아 하나님, 저 다 읽느라 죽을 뻔했어요. 뭐 하나만 주세요.'

그리고 2주 뒤, 나는 임신했고 태명은 일독해서 생긴 선물, 일똑이가 되었다. 일똑이는 무럭무럭 자라 배 밖으로 나와 신생아로서 우리 집안의 큰 변화를 주었다. 온도나 습도에 신경을 써주어야 하고, 먼지나 작고 위험한 물건들도 모두 정리해야 했다. 아이 옷이나 수건을 매번 삶고 있고, 젖병은 씻고 소독까지 해서 정리해 두어야 한다. 한번 입은 옷으로 외출 한 번 안 하지만 아기가 토를 하면 다시 옷을 갈아입혀야 했다. 똥은 얼마나 자주 싸는지 적은 양을 먹고도 부지런히 건강한 배설 활동을 잘 해내고 있었다. 무엇보다 부모는 3시간 이상 잠을 잘 수가 없다. 수유할 시간을 잠시라도 놓치면 앙앙 울어댄다. 개월 수가 올라갈수록 앙앙거리는 울음소리는 더욱 커져 온 동네를 시끄럽게 만든다.

"엄마도 엄마가 처음이라 아기가 무엇을 요구하며 우는 건지 알 방법이 없어…."

안아보고, 업어보고, 수유해 보고, 유모차에 태워 바깥 공기를 쐬기도 한다. 그렇게 온 동네가 떠나갈 듯 울고도 잠 들지 못해 집으로 데리고 왔다. 할아버지는 밖에서 우느라 잠 못 든 아이를 안고 몇 번의 바운스를 하셨다. 아이는 곧바로 스르르 잠이 들었다. 엄마 아빠의 4시간 고생이 가장 허탈해지는 순간이었다. 역시 신입은 경력자를 무시할 순 없다. 아이를 이불에 뉘고는 엄마 아빠는 2시간의 수면시간을 허락받는다. 2시간이 지나면 또다시 울음이 시작된다. 수시로 배가

고픈 신생아들이다. 밤이 되면 남편이 분유를 타왔다. 남편이 아이에게 분유를 먹이는 동안 나는 옆에서 유축을 하고 있었다. 둘 다 눈을 뜨지도 못한 채 비몽사몽 육아를 하며 조금씩 엄마 아빠가 되어가고 있었다.

아이가 태어난 지 두 달, 새해를 맞이하며 나는 다시 성경 일독을 시작했다. 이번엔 신생아를 안고 모유 수유를 하며 일독을 시작했고, 죽어라 읽어냈고 완독했다. 하나님이 주신 선물 일똑이가 너무나도 큰 선물이어서 새해 다시 일독하지 않을 수가 없었다. 하지만 바로 선물을 주실 거로 생각했는데 그건 아니었다.

어느 날 새벽에 뭔지 모를 불안한 감정을 느꼈다. 남편이 아이를 안고 있어 불안한 나를 위로해 줄 수가 없었다. 그런데 그 와중에 아이가 배가 고프다고 또다시 앙앙 울었다. 울음소리는 점점 커졌고, 젖을 줄 수 없는 아빠는 아이만 안고 동동거렸다. 하지만 나의 불안감은 아이의 울음소리를 인지하고 곧바로 수면 아래로 사라졌다. 곧바로 윗 단추 두 개를 풀고 아이의 입에 젖을 가져다가 물렸다. 이 모습을 본 남편은 모성애의 힘은 대단한 것 같다고 깜짝 놀랐다. 나의 불안은 남편이 도무지 도와줄 수가 없는데 우는 아이를 챙기는 모습이 너무 신기했다고 한다. 사실은 내가 느끼는 불안함보다 아기 울음소리가 더 무서웠다.

불안감을 감소시켜 주는 울음을 내는 아이는 나에게 축복인 걸까? 아니면 불안감조차 표현하지 못하게 만드는 울음은 내가 희생해야 할 다른 부분인 걸까? 생각지도 못한 일상의 변화를 느낀다. 뱃속에서 보이지 않아 못 느끼던 묘한 감정이 내가 직접 내 핏덩이를 안고 있으니 조금씩 더 느껴지기도 했다. 이 예쁜 천사를 낳은 나 자신이 정말 대견하기도 하면서 이 아이를 어떻게 키울지에 대한 고민도 많아졌다.

 아이를 키우는 것 나의 고민에 대한 해결책을 찾는 속도보다 아이는 더 빠르게 성장했다. 어느 순간 배밀이를 하더니 한 발을 떼고 기어 다녔다. 돌이 지나도 걷지 못해 걱정하려던 찰나 한두 걸음 걷더니 이젠 엄마가 잡을 수 없을 정도로 빠르게 뛰어다닌다. 아무것도 못 알아듣는 아기일 줄 알았는데 자기가 좋아하는 장난감을 찾아올 줄 알고 싫어하는 행동을 멀리할 줄도 안다. 서서히 책에도 관심을 보이기 시작했다. 그때부터 난관에 봉착했다. 감정을 잘 표현할 줄 아는 아이로 키울지, 동화를 통해 풍부한 상상력을 가지는 아이로 키울지, 사회에 잘 적응하도록 사회성을 잘 배운 아이로 키울지 결정하지 못했다. 책은 아이가 세상을 처음 접하는 통로이기에 내가 어떻게 키우고 싶은지에 따라 그 종류가 달라진다고 생각했다. 게다가 책에 대한 흡수력이 굉장히 빠른 시기이기 때문에 어느 책을 처음으로 만나는지가 중요하다고 생각했다. 계속 결정하지 못해 책을 사지 않고 계속 뒤로 미뤘다. 고민하다가 내가 친정으로 생각하는 작가님께 여쭤봤다.

 "성경이 전 세계의 베스트셀러야. 하나님 말씀으로 키워."

라고 말씀하셨다. 그리곤 얼마 후 아이가 쉽게 만져보고 들을 수 있는 아기용 성경 동화 전집을 선물해 주셨다. 아이를 아직 어떻게 키울지는 정하지 못했지만 적어도 신앙 앞에 바로 선 아이로 키우고 싶은 내 마음과 정확히 일치했다. 덕분에 아이는 첫 성경 동화를 접했고 에덴동산에 나오는 예쁜 동물들과 새들을 보며 즐거워했다.

하나님은 내가 그 어떤 상황에서 무슨 방황을 하고 있을지라도 나를 지켜보고 계셨고 나를 포기하지 않으셨다. 치유의 글쓰기를 할 수 있도록 작가님을 내 곁에 붙여주셨고, 성경을 완독하고 일폭이를 선물로 받을 수 있는 축복도 허락해 주셨다. 나에게 늘 많은 것을 주고 싶으신 하나님께 나는 늘 내가 원하는 것만 요구할 뿐이었다. 하나님이 주시고자 하는 것을 담담히 받을 수 있는 힘이 있는 의연한 사람이 되고 싶다. 하나님이 보여주시는 것에 기뻐하고 감사할 줄 아는 사람으로 내 아이를 키우고 싶다. 이로써 양육에 대한 고민은 끝났다. 아이는 하나님의 자녀로 키우고, 휘청거리고 흔들릴지라도 하나님의 말씀대로 살아갈 수 있는 힘을 가진 아이로 키우는 게 나의 양육 방향이다.

같은 상처를
가진
그대에게
전하는 위로

우리에겐 아무 잘못이 없다

생존자들은 스스로에게 문제의 원인을 찾으려고 한다. 내 잘못이 있을 거란 잘못된 착각을 넘어 확신에 죄책감까지 더해진다. 왜냐하면 남 탓이 두렵기 때문이다. 남을 탓하면 상대에게 책임을 물어야 하고, 그러기 위해선 껄끄러운 대화를 이어 나가야 하는데 이 과정은 나를 탓하는 것보다 훨씬 더 어렵고 불편하다. 내가 처신을 똑바로 못해서, 내가 제대로 저항하지 않아서, 내가 적극적으로 거부 의사를 밝히지 않아서 등 나에게서 자그마한 잘못이라도 찾아내어 크게 자책한다. 나 또한 마찬가지였다.

하지만 우리 잘못은 없다.

사고를 당했을 뿐이다.

그저 길가는 개한테 물렸을 뿐이다.

내가 아무 짓을 하지 않아도 지나가는 무언가를 물고 뜯고 싶은 맹견은 내 힘으로 쉽게 막을 수 없다. 그렇기에 내 잘못은 없다. 그저 개새끼에게 물렸을 뿐. 이제 병원에 가서 치료하고 2차 감염을 예방하면 된다.

우리가 자신을 지켜내고 바로 서서 우리의 생각을 전달하려면 감정에 휩싸여있지 말자. 예를 들면 극심한 자책이라거나, 헤어 나올 수 없는 깊은 우울감이라거나, 정신을 차리기 힘들만큼의 불안한 상태들 말이다. 물론 뜻대로 되지 않는다. 하지만 정도를 넘어선다고 판단하여 스스로 제어하기 힘이 들면 내 경험상 약물의 도움이나 상담의 도움을 받는 것도 매우 유익하다.

감정의 소용돌이에서 벗어나 사건 중심으로 팩트를 체크해 보아야 한다. 진짜 그 일이 내가 불안하고 걱정할 만한 일인지, 혹은 그 일이 너무 큰 사건이라 누군가의 도움이 필요한지, 정말 내 잘못이었는지. 혹여나 감히 내 잘못이라고 말하며 스스로의 마음에 벌을 주는 일은 아닌지 한번 확인해 보자.

정확히 이야기를 하자면 사고를 당한 것은 가해자가 해를 가한 것이다. 그 사실을 신고하거나 하지 않거나, 공개하거나 하지 않는 것은 온전히 생존자의 몫이다. 성폭력 상담소나 여성의 전화 등 기관이나 타인이 결정할 수 있는 문제가 아니다. 물론 병원은 신고할 의무가 있다. 생존자 스스로 문제를 숨긴다고 해결될 일이 아니다. 4년을 당하고 3년을 더 숨기니 내 마음속은 엄청나게 크게 곪은 상처들이 있었다. 오랫동안 깊숙한 곳에서 곪은 상처는 또 다른 상처로 번지게 되어 쉽사리 치료되지 않는다.

우리의 아픈 상처를 돌아보자. 마음의 상처는 절대 이유 없이 사라지지 않는다. 그저 마음 깊숙이 숨어 마치 잊혀 없어졌다고 착각할 뿐, 마음속 깊이 슬픔과 두려움이 자리 잡고 있다. 이 감정들은 향후 내 인생에서 가장 중요할 때에 내 발목을 잡을지도 모른다. 더 큰 상처로 자리 잡기 전에 얼른 곪은 상처에 빨간약을 뿌려보자.

자책에서 벗어나기 힘들다면 오히려 마음껏 아파했으면 좋겠다. 내가 우는 이유도, 슬픈 이유도 알려고 하지 말고 그냥 울고 싶을 때 베개를 껴안고 울고 싶은 만큼 우는거다. 그게 하루가 한 달이 될 수도 있다. 하지만 울면서 내 안의 엉킨 울음 가득한 감정을 풀어낼 수 있다는 것은 건강한 일이다.

나에게도 이 말들을 지키기란 쉽지 않다. 그래서 지지자그룹이 매우 중요하다.

나는 작가님과 남편이 나의 지지자이며 현재도 나의 생각이 어느 거친 파도에 빠지지 않도록 잘 잡아주고 파도를 함께 넘어가준다. 내가 울 때 잘 울고 있다고 위로해 주고, 내가 불안해할 때 소리 없이 나를 평안한 눈빛으로 쳐다봐 주는 것만으로도 나에게는 큰 힘이 되고 넘어지지 않을 이유가 된다. 모두에게 갑자기 지지자를 찾아 만들라는 것은 아니다. 다만 내 주변에 나의 상황을 알고 있는 사람이 있다면, 그 사람이 믿을만한 사람이라면 한 번쯤 부탁해도 괜찮다고 생각한다….

"혹시 내가 갑자기 울면 조용히 등을 토닥여줘" 정도의 부탁은 나쁘지 않다.

힘든 순간은 셀 수 없이 많다. 그 때마다 스스로에게 이렇게 외치자.

"내 잘못이 아니야."

"내 잘못이 아니야."

"내 잘못이 아니야."

...

그 순간을 버티고 살아남은 생존자들을 떠올리며 이렇게 나와 너를 토닥여 주자.

...

"우리에겐 아무 잘못이 없어."

"우리에겐 아무 잘못이 없어."

"우리에겐 아무 잘못이 없어."

세상의 모든 우리에게 위로를 전한다.

생존자의 필수 아이템

 생존자가 아닌 타인에겐 지극히 당연한 이야기일지 모르지만, 적극적인 치료에 도움이 되는 필수템들이 있다. 가장 중요한 것은 정신과에서 처방해 주는 약을 꼬박꼬박 잘 챙겨 먹는 것이다. 치료의 근본인 의료진에 대한 신뢰가 모든 치료의 시작이다. 물론 나도 치료 초기에는 약물치료를 적극적으로 하지 않았다. 한 달치 약을 처방 받고 잘 복용하다가 문득 약이 먹기 싫어지는 순간이 왔다. 약에 의해 내 정신이 좌지우지되고, 약에 의해 잠에 빠져드는 그 느낌 자체가 너무 싫었다. 약을 그냥 휴지통에 버리면 엄마가 보고 다시 약을 처방 받으러 가야할 것 같았다.

그래서 남은 약을 한번에 다 털어먹은 적도 있다. 물론 위험하다는 사실은 알고 있었지만 그걸로 내 목숨이 위태할거란 생각도 하지 않았다. 그렇지만 결국은 약을 먹지 않는 내 목적은 달성하지 못했고 별로 도움이 되지 않았다. 시간이 흐르고 다시 약을 복용하기 시작했고 치료만 더 늦춰졌을 뿐이었다. 말썽부리는 환자가 되고 말았다. 그 뒤로는 약에 대해서는 불만을 지우려고 많이 애쓰는 편이다. 사람마다 다르겠지만 약에 대한 본인의 불편함이 저마다 있을 거라 생각한다. 불편함보다 우리에게 주는 편안함이 훨씬 크다는 걸 잊지 말자.

의사 선생님께서는 두 가지를 당부하셨다. 잘 먹고, 운동을 꾸준히 하는 것이었다. 태어나 이토록 적극적으로 치료에 임했던 적이 있던가. 나는 꼬박꼬박 무슨 일이 있어도 하루에 두 끼는 챙겨 먹는다. 그게 어떤 음식이든 제시간에 챙겨먹는 것에 의미를 둔다. 그리고 곧바로 PT를 결제했다. 가격이 비싼 건 알지만 내가 도중에 그만두지 않고 끝까지 치료를 잘 마무리하기 위한 수단이기에 아까워하지 않았다. 지금도 남편은 딱 두 가지는 매일 저녁 물어본다.

"식사 제대로 챙겨 먹었어? 운동은 다녀왔어?"

매일 하는 말이 잔소리같이 들리지 않는다. 그저 사랑이고 관심인 것처럼 들린다. 그뿐만 아니다. 건강한 마음은 건강한 신체에서 나온다. 출산 후 제대로 산후조리를 하지 않고 싸돌아다닌 나의 잘못이다. 기력이 아직 회복되지 못한 부분이 있어 경옥고도 챙겨 먹는다. 이 나이에 경옥고라니 참 우습고 촌스럽게 보일 수 있다. 하지만 진심 추천한다. 약국에서 파는 웬만한 피로회복제보다 더 효과가 좋다. 나의 체력을 올려주니 자연스레 나의 기분도 긍정적인 상태로 올라가게 된다.

경제적으로도 나에게 조금씩 투자하고 있다. 남편 거, 가족 거, 아들 거 산다고 돈을 다 쓰는 게 아니라 내가 사고 싶었던 것, 내가 해보고 싶었던 것에도 사치하지 않는 범위 내에서 소비한다. 그게 잘못되었다는 오랜 강박에서 이젠 벗어나 보려고 한다. 나를 사랑하는 사람이 결국 사랑받고 누군가에게 사랑도 줄줄 안다.

천천히 내 몸을 살피면서 내 몸을 아끼고 사랑해 보자. 그게 몸이든, 감정이든. 내 몸과 마음의 소리에 귀를 기울인다는 것은 참 어려운 일이다. 나도 그게 쉽지 않다. 감기 기운이 드는 정도엔 인지하지 못하고 마침내 독감에 걸려 쓰러질 지경이 되어서야 내 몸이 아프다는 걸 인지하는 사람이다. 배가 아프고 땀이 많아진 정도를 인식하고 보니 노로바이러스에 감염되어 있었다. 나는 내 몸의 소리를 무시했고 소중히 여기지 않았다. 몸에도 소홀한데 하물며 마음에 관심을 기울였을까?

지금은 어떤 일이 생기고 나면 시간을 두고 천천히 생각해 본다. 무슨 일이었는지, 내가 어떤 이야기를 주고받았는지, 그런 대화에선 보통 어떤 감정을 느낄 수 있는지, 그 다양한 감정 중 내가 느낀 감정은 무엇인지…. 남들이 즉각적으로 느끼고 반응할 수 있는 것들이 나에게는 오랜 시간이 걸린다. 그래도 어쩔 수 없다. 천천히 연습해서 내 감정을 조금씩 더 빠르게 인식할 수 있도록 노력하는 중이다.

당연히 또 넘어질 수 있다

아들을 가지기 전까지 약물치료를 계속 하다가 아이를 임신하고 바로 약을 끊었다. 그런데 큰 어려움이 없이 임신과 출산이 잘 이루어져 내심 모든 것이 회복된 줄 알았다. 그래서 너무 기뻤고 나에게 찾아온 아들에게 정말 감사했다. 하지만 출산 후 시간이 조금 지나자, 나의 불안함과 우울함은 또다시 올라오기 시작했다. 무의식적으로 받는 스트레스에 심각한 두통을 느끼고, 밤중 아무 이유 없이 눈물을 흘리기도 했다. 잘 다니던 교회도 어느 순간 그곳에 가는 것이 불안해졌고, 가까운 사람의 결혼식에 가는 것도 어려워졌다.

도대체 회복과 재발의 굴레는 빠져나올 수가 없는 건지 아주 미쳐버릴 것 같았다. 감기약도 항생제 5일만 잘 먹으면 금세 회복된다는데 이 병은 도무지 끝을 알 수가 없는 듯한 기분이 들었다.

괜스레 남편에게 짜증과 화를 버럭 냈다.
"도대체 언제 낫는 건데 나는? 낫기는 하는 거야?"

남편은 말없이 바라보고는 손을 꼭 잡아주었다.
"또다시 괜찮아 질 거야."

또 다시라니…. 또 다시라는 말이 나를 답답하고 끝없는 길 같은 느낌을 주었다. 그렇지만 남편은 또 얼마나 힘들겠는가? 사랑하는 아내와 사랑스러운 대화만 주고받아도 부족한 시간인데 아내는 우울과 불안을 왔다 갔다 히며 남편의 에너지를 소모하게 하고 있다. 그게 너무 미안했고, 미안함밖에 줄 수 없는 나 자신이 너무나도 싫었다.

언제나 설레게 행복하기만 하기엔 난 늘 불안했다. 헤어 나올 수 없는 긴박한 상황에서 두번의 자살시도 이 후 마지막 자해 시도를 했다. 의도한 건 아니었지만 내가 직접 칼을 샀고 그 칼에 찔렸다는 것이 팩트였다. 차에서 피가 멎기를 기다렸지만 피는 계속 하얀색 원피스 위로 툭 툭 툭 무거운 소리를 내며 떨어졌다.

새로 산 흰 원피스가 붉은빛으로 가득 찰 때쯤 작가님께 전화를 했다.

"작가님 도와주세요. 어떻게 해야 할지 모르겠어요."

"내가 거기로 갈게. 가만히 있어. 괜찮아."

급박했던 그 상황이 100% 다 떠오르진 않는다. 남아있는 필름 속에는 작가님이 나를 꼭 안아줬던 기억이 있다. 그녀가 이렇게 말했다.

"나 너 절대 포기 안 할 거야."

작가님은 나를 포기 하지 않을 거라 했지만 나는 나를 포기하고 싶었다. 약을 먹고도 불안함이 가라앉지 않아 눈물을 줄줄 흐르던 때가 있었다. "이제 그만하고 싶어"라는 말이 불쑥 튀어나왔다. 약물치료도 다시 회복하려 안간힘을 쓰는 것도, 살아내는 것도 모두 포기하고 싶었다. 세상은 살아가는 것 보다 죽는 게 훨씬 쉬워 보였고 나는 그 삶을 기꺼이 선택해도 될 만큼 힘든 인생 히스토리를 가지고 있다고 생각했다. 그런데 그건 큰 교만이었다.

세상에 힘든 사람들은 무수히 많고 죽음을 선택해도 되는 사람은 없다.

나보다 더 힘든 사람들은 수도 없이 많다.

힒듦의 정도를 비교한다는 것은 불가능하겠지만 나보다 더 힘든 상황에 있는 사람들도 버텨내고 있다는 사실을 알게 되었다. 게다가 시간이 흘러 아이를 가진 후에는 불안감의 정도가 조금 달라졌다. 뭐랄까? 정해진 시간 내에 불안해하고 불안함을 끝내야 하는 타이머 제한 감정 느끼기 같은 거랄까? 온전히 우울의 늪에 빠질 수도, 정신줄을 놓고 불안해할 수도 없다.

왜냐하면 내가 목숨 걸고 지켜야 할 내 아이가 있으니까. 그래서 감정의 늪에 빠져 죽음을 생각하는 건 있을 수 없는 일이었다. 아이가 있으니 죽어선 안 된다는 마음이 크게 자리 잡았다. 아들을 엄마 없는 아이로 자라게 하고 싶지 않았다.

그래서 더욱더 열심히 약을 먹고 상담 치료도 적극적이다. 쉽진 않다. 시간에 맞춰 약을 먹고 약의 반응을 몸으로 느끼는 것도 어렵다. 불안해질 때조차도 아이 앞에서 웃으며 안아주고 책을 읽어줘야 하는 것도 쉽지 않은 일이다. 그럼에도 불구하고 난 이겨내야 했고 그 원동력은 나의 아이와 남편, 즉 가정에서 나온다. 그 원동력이 있음에 감사하다.

또 이렇게 열심히 노력해서 회복하면 고대하던 평범한 일상으로 돌아가게 된다. 마치 불안했던 적이 없었던 것처럼. 웃으며 남편과 대화하기도 하고, 좋은 컨디션으로 업무를 하며 만족스러운 결과물을 내기도 한다. 인생이 편하고 기대되는 마음마저 생긴다. 또 불안해지면 어떠하랴. 다시 극복해 내기 위해 노력하면 되는 것을.

흔해 빠진 소리인 거 알지만 꼭 말하고 싶다.

절대 포기하지 말자.

더 이상 견디지 못할 것 같은 순간도 결국 지나가고 내일 아침을 맞이할 것이다.

하루를 잘 견뎌내면 또 새로운 아침이 온다….

그땐 또 다른 감정이 내 속에 들어와 있다.

우린 이렇게 또다시 괜찮아질 거다.

그저 지나가는 파도에 불과하고 우리는 이 순간을 잘 견뎌낼 수 있다.

잘하고 있다.

살아있는 것만으로도 잘하고 있다.

순간순간의 고비를 잘 극복할 수 있도록 방법을 찾아보자.

우린 우리만의 방법을 이미 알고 있을지도 모른다. 2024년 6월, 갑작스러운 자해 시도로 여기저기 병원을 전전했다. 이야기를 조금 들어보더니 종합병원을 가라고 하는 의사 선생님도 있었고, 첫 단어만 듣고도 입원하라는 병원도 있었다. 아무 말도 하지 않았는데 바로 입원해야 한다고 하는 선생님도 있었다. 같이 방문을 도와줬던 작가님이 나를 위로해 줬다.

"저 의사 미친놈이다. 신경 쓰지 마, 병원 인테리어부터 봐라. 미친놈 맞다. 다른 데 가자"

나는 병원들의 다양한 거절 의사에 심드렁해져 있었고 나를 받아주는 큰 도시의 병원을 방문했다. 모두가 나에게 입원을 권유하면서 치료를 거부했었는데 여기 의사 선생님만 유일하게 치료를 해주겠다고 하셨다. 비교적 넓은 진료실 안에는 편안한 소파도 있었고 누울 수 있는 예쁜 침대도 있었다. 특별히 눈에 띄는 인테리어가 있는 건 아니지만 모든 게 조화롭고 안정적이었다. 진료실에 걸맞은 온화하고 인자한 선생님께서 이야기를 들으면서 중간에 내가 가진 인지 부조화를 깨뜨려주셨고, 나는 조금씩 더 솔직하게 나를 표현하고 때로는 눈물을 흘리게 되었다. 선생님께서는 일주일에 한 번 오는 것보다 조금 더 자주 정신분석치료를 하러 올 것을 제안해 주셨다. 그것 또한 나의 선택이지만 선생님은 그저 권할 뿐이라고 말씀하시면서 비용도 말씀해 주셨다.

"혹시 상담 치료는 비용을 부담할 여력이 있으신가요…? 만약 이 금액이라면 괜찮으신가요? 생각해 보시고 다음에 오실 때 말씀해 주세요."

의사 선생님의 정신분석치료가 5년 전 상담 치료보다 저렴했고 더욱 신뢰할 만했다. 이것은 현재진행형이다. 나는 지금도 꾸준히 운전해서 병원에 가서 45분간의 상담 치료를 받고 약물을 조절하며 치료를 받고 있다. 그 어느 때보다 치료에 적극적이고 낫고 싶은 의지가 확고하다. 그리고 선생님을 보면서 '상담은 이렇게 하는 거구나, 이땐 이렇게 대처해주셔서 참 마음이 편안해'라는 것들을 느낄 때가 많다. 직접 내담자가 되어 상담을 받는 경험을 토대로 실제 상담사가 되었을 때는 보다 잘 적용할 수 있으리라는 생각도 들었다.

Pay It Forward

성경의 한 구절에 하나님께서는 '네 이웃을 내 몸과 같이 사랑하라.'고 말씀하셨다. 오랫동안 내 코가 석 자라 조금도 와 닿지 않는 구절이었는데 늘 귀에 딱지가 앉도록 이웃사랑을 말씀하시는 작가님 덕분에 요즘은 조금씩 그 말을 이해하는 중이다. 내가 할 수 있는 이웃사랑은 내가 가진 경험을 통해 가능하다고 생각한다.

나는 어릴 적부터 표정이 없었다. 말 그대로 무표정이었다. 어릴 때라 함은 보통 10대를 생각하지만 나는 결혼 초반까지 그다지 표정이 없는 사람이었다. 사실

화가 난 게 아니었다. 어떻게 하면 생글생글 웃으면 살 수 있는지 방법을 몰랐고 웃으면서 살 만한 삶이 아니었기도 했다. 그래서 나의 이웃사랑은 '나와 같은 표정인 사람'에게 말을 한 번 더 걸어주고 마음을 안아주는 것이다. 표정이 없는 사람이라고 해서 그 대화에 무관심한 것이 아니라는 것을 경험을 통해 잘 알고 있다. 단지 대화에 적당히 스며들 자신이 없을 뿐더러, 대화의 흐름을 따라가는 것 자체가 긴장되다 보니 표정이 더 굳어지게 된다. 그래서 요즘은 여러 명이 함께 대화할 때 유독 나와 비슷한 사람에게는 한 번 더 관심을 보이고 애정을 주려고 한다. 그게 내가 할 수 있는 이웃사랑이다. 내가 겪은 상처는 형언할 수 없는 지랄 맞은 고통이었지만 고통의 경험이 내가 누군가를 돕게 만들었다고 생각한다.

여러분도 현재 내 코가 석 자이겠지만 할 수 있는 범위 내에서 이웃사랑을 한번 실천해 보길 바란다. 남을 도울 때는 상대방만 기분이 좋은 게 아니라 도움을 줬다는 것만으로도 스스로가 뿌듯해지며 조금씩 자존감도 올라가기 마련이다. 상대가 불편해하지 않는 선까지 도움을 줄 수 있는 상대가 있는지 잘 고민해 보라. 어쩌면 내 곁에 나와의 대화를 기다리고 있는 사람이 있을지도 모른다.

영화 '아름다운 세상을 위하여'는 원제목이 'Pay It Forward'다. 영화 속 내용을 통해 번역해 보자면 '받은 사랑을 되돌려 주는 게 아니라 또 다른 사람에게 내보내라'는 의미다. 우리는 알게 모르게 살면서 많은 도움을 받는다. 그리고 상대에게 힘든 일이 생기면 반드시 내가 도우리라 다짐한다. 세상에는 나처럼 심리적으로 고통 받고 있는 사람이 정말 많다. 나도 드러내지 않듯 다른 누군가도 드러내지 않고 있을 뿐이다. 우린 많은 사람들에게 보이지 않는 도움들을 무수히 많이 받았다. 그러니 이젠 우리가 먼저 손을 건네 보자. 커피 한 잔을 하는 것도 좋고, 잘 지내는지 이유 없이 안부 전화를 해도 좋다. 혹시 모른다. 내 연락을 기다리고 있었을 수도 있고, 대화할 상대가 필요한 순간이었을 수도 있다. 거창한 대화를 할 필요도 없이 눈빛으로도 위로해 줄 수 있으니 만나서의 대화는 미리 걱정하지 말자. 오히려 네가 생각났다는 솔직한 표현이 가장 좋을지도 모른다. 오랜만에 연락하면 반가운 목소리에 괜히 기분도 좋아지고 그 연락을 계기로 다시 가까워지기도 한다.

고민 끝에 결정 내린 나만의 'Pay It Forward'는 심리상담센터를 준비하여 사람들의 정서적인 어려움을 돕는 것이다. 대학 졸업 이후 여전히 심리에 관심이 많아 직장생활 도중 심리학 학위를 취득했다. 이후 상담교사가 되는 것을 고민하기도 했지만, 현재는 심리상담센터 개원을 위한 다양한 자격증을 준비하고 있다. 준비기간이 오래된 것도 아니다. 최근 다시 적극적인 치료를 받기 시작하면서부터 준비를 시작했다. 물론 전제는 나의 모든 치료가 다 마무리되고 더 이상 치료가 필요 없이 상담사 일이 가능하다는 의사의 소견을 받고 난 이후일 것이다. 시간이 남들보다 조금 오래 걸릴지도 모르겠지만 묵묵히 준비하려고 한다. 나와 같은 아픔을 가진 사람이 오랜 기간 아픔을 묻어두고 살아가질 않고 회복되길 바라는 마음이다. 세상이 언제나 기쁘고 행복하진 않더라도 소소한 기쁨과 즐거움을 느낄 수 있도록 돕고싶다. 새로운 도전에 대한 나의 용기를 스스로 칭찬해 주고 싶다.

우리도 영화 속 주인공처럼 Pay It Forward 하자. 도움 받은 많은 것들을 또 다른 누군가에게 베풀어보자. 누군가는 나에게 이렇게 반문하고 싶을지 모른다.

'배부른 소리 하네. 평생을 살면서 도움 받은 적이 없거든. 그러니 누군가에게 베풀 도움 같은 건 없어.'

당신의 마음이 어떤지 알 것도 같다.
하지만 한 번 더 생각해 보길 바란다. 분명 누군가는 어떻게든 당신에게 손을 내밀었을지도 모른다. 그 손을 잡는 용기가 먼저 필요하지 않을까.

의심하지 말고 그 손을 잡아도 괜찮다.

시간이 흘러

받은 마음을

베풀고 싶어 질 때가 되면

그 때 해도 된다.

그 마음이 들지 않는다면

그러지 않아도 된다.

하지만

분명 베풀어가는 과정에서

나의 자존감도 올라가고

내 감정도

조금씩

안정을 찾게 되었다.

자살 시도를 하면 안 되는 분명한 이유들

 우선 난, 두 번의 자살 시도와 여러 번의 자해 시도가 있었지만, 여전히 살아있다. 아니, 살아남아 있다. 죽고 싶었단 생존자다. 사는 것보다 죽는 것을 택하고 싶은 마음을 익히 잘 아는 나는 현재 살아있는 생존자이다. 원하든 원치 아니하든 나는 생존자가 되어버렸고, 현재는 생존함에 정말 감사하다. 죽었더라면 보지 못했을 것들과, 느끼지 못했을 것들이 너무나도 많았다. 사랑하는 내 아들의 웃는 모습을 보지 못했을 것이고, 남편이 그토록 눈물을 흘리며 내 피를 닦아주던 그 사랑을 느끼지 못했을 것이다.

죽음을 결심하다 살아났기에, 나 때문에 상처받은 사람들에게 은혜를 갚아야 할 의무가 있음을 지금은 누구보다 잘 알고 있다. 지금껏 살면서 느끼지 못했던 수많은 나를 향한 사랑과 애정이 곳곳에서 나를 응원하고 지지하고 있다. 그뿐 아니라 무의식중에는 누구보다도 더 나를 지키고 보호하고 싶은 본능이 존재한다는 사실도 깨달았다.

'죽고 싶지만 살고 싶다.'는 말이 딱 맞다.

그 모든 것들을 내버린 채 한순간의 충동으로 삶을 마감한다는 것은 아직 살면서 만나볼 더 큰 행복들을 느끼지 못한 손해가 매우 크다. 진정으로 나를 아끼고 사랑해서 내가 죽음을 선택하는 것에 눈물 흘린 사람들에 대한 최소한의 예의는 지키고 순리에 맞게 삶을 마감하면 좋겠다.

자살 시도를 실제로 시도해 죽다가 살아나면 마치 며칠 혹은 몇 주의 시간이 통째로 사라진 상태다. 수술을 하거나 중환자실에 가거나, 입원을 하고, 정신과 약물에 몽롱해져 있고, 몸조리를 하는 등의 시간을 보내고 사회에 나오면 나도 모르는 새로운 시간으로 이동 한 기분이다. 5월을 기억하던 내가 7월의 첫 주말을 맞이하는 어색함도 있다. 나쁘게 생각하면 나의 기억이 사라진 것 같아 바보가 된 것 같다고 느꼈다. 이 얼마나 비참하고 열 받는 상황인가. 하지만 이런 경험을 이미 한 적이 있다면 생각을 바꿔서 시간 이동을 한 그 공백만큼은 난 스트레스를 받지 않고 평안하게 세월을 보낸 거라고 자신을 다독여 주길 바란다. 남들은 하지 못한 시간 이동을 하는 능력을 한 번쯤 써먹었다고 생각하자. 그렇다고 또 다시 써먹을 만한 능력은 절대 아님을 겪어본 사람은 다 알거라 생각한다. 시간 이동 한 번 더 느끼려다가 정말 저세상으로 시간을 이동해야 할 수도 있다. 그리고 그 행위는 나조차도 모르는 나를 사랑하는 사람에게 큰 상처를 줄 뿐만 아니라 나 자신에게도 큰 상처를 주는 행위다. 한번 일어난 자살 시도는 잊혀지지 않고 평생 내 기억에 남아있다.

 시간 이동한 후 세상이 어색하고 낯선 분들께 감히 말씀드리고 싶다. 깊고 복잡하게 생각해서 나에게 좋을 건 하나도 없다. 어차피 나는 살아남았고 그러면 의도하든 의도하지 않든 이 세상을 살아내야만 한다. 세상을 살아내는 데에는 열심과 노력, 능력과 운도 중요하지만 하나 간과하고 있는 사실이 있다. 사람들과 어우러져 살아가는 것을 가볍게 여길 줄 아는 마음이 필요하다. 누군가가 나를 이유 없이 비난하거나 헐뜯어도 심각하게 생각하지 말자. 저 새끼가 나를 비난하는 거 같다고 느껴질 때 혼자 자리에 앉아서 꽁하니 심장을 졸이고 있는 것보단
 '저 새끼가 나보다 모자라서 열등감을 느끼는 구나'라고 생각하면 모든 게 해결된다.

 생각하는 것과 그 생각을 표현하는 건 우리의 자유다. 저 새끼가 날 비난하는 것도 저 새끼의 자유지만 저 새끼를 불쌍히 여기는 감정도 오직 내 자유다. 뭐가 문제인가? 무엇보다 내 마음이 제일 중요하다.

자살에 실패한 뒤 생존하고 가장 껄끄러운 또 다른 부분은 가까운 사람들의 얼굴을 다시 보는 거다. 가령 남편이나 부모님, 같이 사는 사람, 가까운 친구들을 다시 만나야만 한다. 가족이면 당연히 당신의 자살 시도를 알겠지만, 친구들이나 지인들이면 그렇지 않을 수도 있다. 그땐, 괜히 마음이 쪼그라든다. 손목의 상처가 들킬까 봐 만남을 거부하고 싶고, 약물복용 상태로 느릿하고 어눌한 내 모습이 보여주기 싫어서 연락을 하지 않고 싶을 때도 많다. 쉽지 않은 일이고 이 시기의 공백으로 사회에서 관계들이 많이 끊어지게 되어 이후 아예 새롭게 모든 인간관계를 다시 시작해야 하는 경우도 생긴다. 생존했다는 것은 다시 말하면 다시 살아났다는 거다. 새롭게 다시 시작해야 한다.

혹 실제 다시 시작하는 사람들에게도 감히 말씀드린다. 자신이 자살 시도 경험자라는 사실을 굳이 밝힐 필요는 없다. 나도 알리지 않았다. 하지만 내가 신뢰하는 사람들에게는 종종 오픈하기도 했다. 지금 당장이 아닌 시간이 조금 흘러 자살을 시도한 나의 이야기를 눈물 없이 할 수 있을 때, 그때 이야기 했다. 혹여 의도치 않게 이야기가 나오게 되더라도 약점이 노출되었다고 생각하지 말자. 나의 지지자(Support)그룹이 더 빵빵해졌다고 생각하는 게 좋다. 어찌 됐든 나를 위로해 주거나 나를 아껴줄 사람들이 내 가까운 사람들이니까. 모든 것은 본인의 선택이다.

생존자로서 쓰는 일기이지만 내가 언제까지나 생존자일지는 모른다. 한 의사 선생님께서 말씀하시길 자살 시도의 충동은 사건이 아니라 하나의 '고비'라고 표현한다고 하셨다. 그 말이 정말 크게 공감이 되었다. 자살시도라는 하나의 사고가 아니라 자살충동을 느끼는 내가 그 어려운 고비를 스스로 극복하고 있는 것이다.

자살에 대한 충동을 막을 수 있는 가장 좋은 방법이자 기본적인 방법은

처방받은 약을 열심히 잘 챙겨 먹는 것이다.

하루 일과 중 가장 중요한 업무를 '투약 시간'으로 정해도 과하지 않다.

나 같은 경우 매일 약통을 시간대에 맞게 채워 넣는 것과 시간에 맞춰 약을 먹는 것을 가장 중요하게 생각한다. 한 번쯤 안 먹을 때 큰 문제가 바로 발생하지 않지만 이게 습관이 되면 나중에는 어려움을 초래할 수 있다. 그리고 자살 시도 다경험자로써 드리고 싶은 말씀은 자살 시도보다 약을 열심히 먹는 게 훨씬 더 쉽고 또 쉽다고 말씀드리고 싶다. 죽는 것도 뜻대로 안 되는 게 인생이다. 어차피 당신의 자살시도는 실패로 끝이 날 거다. 죽을힘이 있거든 그 힘까지 보태어 살아남자. 당신은 죽는 것 말고 못할 일이 없다.

시간이 조금 더 지나면, 그게 언제일지는 아무도 모르지만, 어떤 계기가 있기도 혹은 없기도 하지만 문득 조금 더 밝아지고 웃고 있는 당신을 발견하게 된다.

타인의 행복에 부러워할 필요가 없다.

내 불행에 더 슬퍼할 이유도 없다.

인정할 순 없겠지만

사실 알고 보면 행복해 보이는 그들조차 모두

죽고 싶은

병자다.

세상사람 중

가슴 멍 하나 없는

사람은 없다.

그대의 멍이

좀

더

크게

보일 뿐이다.

결론은 살자.

살아내자.

살아남자.

어떻게든 살자. 살아내자. 살아남아보자.

받지 못한 사랑을 주는 사람

아이를 키우면서 든 생각은 '우리 아빠처럼 쓰레기 같은 부모가 되면 어쩌지?'였다. 순간 자살 충동을 이기지 못하고 급히 커터 칼을 들고 화장실로 갔다. 그리고 칼을 손에 꽉 쥐고 왼팔을 쭉 뻗어 쳐다보면서 생각했다. 부모가 도대체 뭐 길래, 낳아주고 길러주고 욕까지 먹는 걸까? 그런데 왜 사람들은 자신의 부모를 보면서 또 다시 부모가 되려고 할까? 화장실에 쪼그려 앉아 커터 칼을 쥔 채, 내가 생각하는 부모에 대한 정의를 머릿속에 정립한 후에야 제정신을 차릴 수 있었다. 조용히 칼날을 내리고 화장실 밖으로 나와 필통 안에 칼을 던져버렸다. 이제 부모의 역할에 대한 나의 생각을 두서없이 정리해 보려고 한다.

부모는 자녀를 성인이 될 때까지 정서적으로나, 사회적으로 잘 양육하여 독립된 개체로서 사회로 내보낼 의무를 진다. 과연 잘 양육하여 잘 내보낼 지혜를 가진 부모는 어떤 부모일까?

우리 아빠는 정서적으로 나를 이중적으로 양육했다. 즉, 정서적인 안정감과 정서적인 학대를 동시에 행했다. 그것이 독립된 개체로 사회에 내보내어지는데 큰 발목을 잡고 말았다. 사실은 이 책에 진하게 아버지 욕을 하고 싶지만 읽고 있는 독자들도 거북할 것 같다는 생각뿐만 아니라 동시에 두려운 마음도 든다. 과연 나는 내 아들에게 욕먹지 않을 부모가 될 수 있는지에 대한 확신이 안 서기 때문이다.

부모에게는 부모의 역할이 있다. 자녀를 잘 양육하고 보호하는 것이 역할이다. 많은 부모가 헷갈리는 부분이 여기에 있다. 자녀를 나의 소유물로 생각하고 내가 해주고 싶고, 해줄 수 있는 만큼 다 해주려고 한다. 문제는 스스로 할 줄 아는 게 줄어들어 적정한 시기에 독립할 힘을 길러주지 않는다는 것이다. 마치 강아지를 키우듯 아이를 키워 주인 없이는 혼자 아무것도 할 수 없게 만들어버린다. 나 또한 마찬가지였다. 엄마의 감정에 영향을 받으며 20대를 보냈고, 아빠의 허락이 없으면 나의 결정에 대한 불확실함이 늘 있었다. 진정한 부모는 틀린 선택을 하더라도 괜찮다고 스스로 선택할 힘을 길러주어야 하고, 부모 스스로 감정기복이 있더라도 아이에게 영향을 주지 않아야 한다.

나는 어떤 부모가 될 수 있을지 잘 모르겠다. 지금 당장 19개월의 아기를 키우고 있으면서도 내가 좋은 부모라는 확신이 서진 않는다. 사랑하는 것은 확실하다. 자녀를 사랑하지 않는 부모가 어디 있으랴. 다만 그 사랑의 표현이 자녀가 원하는 사랑의 언어와 다르다는 것이 문제다. 하지만 끊임없이 좋은 부모가 되려고 노력해 보려고 한다.

유일하게 생각하고 있는 것은 좋은 부모란 부모의 역할에서 선 넘지 않고 잘 양육하는 것이다. 아이가 직접 만져보고 느껴보고 먹어본 후 불편해서 더 이상 하지 않을 때까지 위험하지 않다면 그대로 지켜보려고 노력한다. 물론 옷을 모두 다 갈아입고 부엌 바닥을 다시 전부 청소해야 한다는 것도 감안해야한다. 그렇지만 지금부터라도 아이의 선택을 존중해주지 않으면, 청소년기에도 아이에게 나의 선택을 강요할 테고 아이가 잘못된 선택을 하고 바로잡을 기회를 주지 않는 부모가 될지도 모른다. 성인이 되어 돌아가는 길을 택할지라도 그 길에서 배우는 것들이 있음을 믿고 기다려주는 부모가 되고 싶다.

확실하게 다시 정립했다. 나는 아이의 선택을 존중하고, 그 선택의 결과가 어떠하더라도 실패냐 성공이냐로 분류해서 말하지 않고 싶다. 모든 선택이 배움의 과정이라고 말해주는 부모가 되고 싶다.

이 페이지를 쓰면서 유독 왜 이렇게 불안하고 불편한지 모르겠다. 온전하지 못한 부모를 떠올리기 때문이었는지, 온전하지 못한 부모가 될까 봐서 걱정인건지 알 수 없다. 그저 그 불안을 받아들이고 글을 쓰기로 했다. 문득 부모에 대한 글을 쓰면서 남편에게 전화를 걸었다. 나 혼자만이 부모가 아니니 아빠인 남편의 생각도 궁금했다.

"여보, 여보한테 부모는 어떤 부모님이셨어?"
"좋은 부모, 배울 게 많고 위로가 되는 부모님이셨지."
"어떤 일을 생각할 때 그런 생각을 했어?"
"내가 대학 다닐 때, 졸업 필수과목을 3번이나 F를 받았던 적이 있어. 그때 서울에서 공부할 때인데 자살하고 싶었거든. 엄마에게 미안하다고 문자를 보냈어. 그랬더니 바로 전화가 와서 무슨 일이냐고, 졸업 못 해도 괜찮다고, 그렇게 말씀해 주셨을 때 나 진짜 크게 위로가 됐어."

"아…. 그 말 자체로도 그냥 위로가 됐어?"
"응."
"오빠는 그럼 아들한테 어떤 부모가 되고 싶어?"
"우리 엄마처럼 아들한테 어려운 일이 생겼을 때, 괜찮다고 위로해 줄 수 있는 부모가 되고싶은데."남편과의 대화에서 처음 느꼈다.
특별한 솔루션이 있는 게 아닌 그저 위로해 주는 것만으로도 부모는 충분한 역할을 하는 사람이구나. 아들을 위로할 수 있는 멋진 남편이 있어 감사하다.

잠시 쉬어가도 괜찮아

　내가 쉬어본 적이 있던가 한번 생각해 봤다. 중학교 3학년 기말고사 이후 곧바로 검정고시를 준비했고, 고등학교 1학년 검정고시 합격 후 바로 수능 준비를 했다. 검정고시로 인해 남들보다 뒤처지지 않으려고 2년 반을 수능 준비에 매진했고 결국 친구들과 같은 해에 대학에 입학했다. 스무 살 내 용돈은 월 10만 원이었는데 왕복 버스비 만큼이었다. 엄마는 첫 입학등록금을 지원해주셨고 그 뒤로는 내가 등록금을 벌었다. 300만 원이 훌쩍 넘는 등록금과 매월 나의 용돈을 벌기 위해 여러 개의 과외와 멘토링, 사무실 알바 등을 해야했고 방학이면 특강 알바에 매진하며 4년을 보냈다.

어느 순간 숨이 턱 막힐 만큼 힘들었다. 더 이상 이렇게 있다가는 마지막 학기 성적을 만들 수 없을 것 같았다. 그래서 엄마에게 마지막 학기 등록금은 엄마가 내달라고 요청했다. 그렇게 마지막 학기 등록금은 엄마의 도움으로 졸업했다. 임용고시를 준비할지 고민하다가 당장 돈을 쓰기만 하면서 공부할 순 없어서 시원하게 임용은 포기했다.

졸업식 날 꽃다발을 손에 든 채 대안학교로 면접을 보러 갔다. 알바가 아닌 내 인생 첫 직장 면접이었지만 운 좋게 나는 합격했고 보름 뒤부터 근무할 수 있었다. 첫 직장에서 2년 반을 근무했다. 다행히 겸직이 가능해서 학원 알바와 과외도 병행했다. 그 때를 떠올리면 숨이 차고 정신이 없다. 하지만 그때는 똥인지 된장인지 구별할 능력이 없었다. 아빠에게서 독립할 수 있는 방법은 그런 삶을 살면서 돈을 모으는 게 최선이었다.

그 와중에 트라우마의 재경험을 경험했고 아빠와 더 멀리 한국에서 도망갈 생각에 해외 파견교사를 준비했다. 피똥 쌀 만큼 열심히 면접 준비를 해서 1등으로 합격을 했고 나는 외국에서 가르친 경험을 가진 인간이 되었다. 이후 교육 현장이 아닌 교육행정 전반에 대한 궁금증도 생겨서 교육청에 계약직 근무를 하며 영재교육에 관한 관심을 가지기도 했었다.

하지만 또 다시 치료에 집중해야 할 시기가 왔다. 그 공백을 가질 때 남편과 연애를 하고 빠르게 결혼했다. 외국으로 도망치진 못했지만 새로운 가정을 만듦으로써 원가족으로의 탈출에 성공했다. 결혼한 지 3개월도 채 되지 않아 집 가까운 곳에 취직을 했고 나는 새로운 세상을 다시 경험했다. 일은 너무 즐거웠으나 나의 자살시도로 부득이 퇴사할 수밖에 없었다. 퇴사 이후 사업기획서 작성 및 사업의 기획, 콘텐츠 제작, 도서내지편집 등 다양한 것들을 배우며 즐거움을 느꼈다. 출산 3일 전 까지 신나게 일을 하는 사람이 되었고 출산 후 3개월 만에 다시 그 즐거운 일을 하러 나갔다. 일을 열심히 더 열심히 했고 즐거웠으나 나는 또 다시 치료에 집중해야 할 시간을 어김없이 마주하고 말았다.

아무것도 하지 말고 쉬라고 했다.
그런데 쉬는게 뭔지 어떻게 쉬는건지 나는 몰라서 답답하기만 했다. 돈을 벌지 않는 비능률적이고 비생산적인 내가 참을 수 없을 만큼 싫었지만 쉬어야 한다는 숙제를 받아들이고 있다.

되돌아보니 인생에서 제대로 된 첫 휴식을 마주했다. 간간이 정신과 진료를 받기 위해 공백을 가져야 했던 나의 몸 상태를 무시하고 끊임없이 달려온 나의 삶을 반성한다. 생각해 보니 괜찮다. 생각해 보니 잠깐 쉬어도 괜찮다. 더 적극적으로 치료를 받는데 시간을 투자하고 싶다. 효율적이고 효과적인 업무와 결과를 중요시하는 나이지만 그래도 지금의 쉬는 시간을 나에게 허용해 줘도 괜찮다. 살아온 10년이 어느 누구의 10년보다도 빡빡했고 정신없었으니, 남들보다 더 긴 시간을 더 푹 쉬어도 괜찮다고 생각한다.

이젠, 쉬는 방법을 알아가고 싶다. 사실 가만히 아무것도 하지 않는 게 너무 힘들다. 노는 것과 쉬는 것은 다르다고 하는데 노는 게 아닌 쉬는 건 도대체 어떻게 해야 하는 건지 잘 모르겠다.

그래도 괜찮다.

세상엔 분명한 게 많기도 하지만 없기도 하다.

어찌 되겠지.

일단 내 맘이 편한 게 제일 먼저다.

쉬어가도 괜찮다고 수천 수백 번 외쳐본다.

우리에게 그랬더라면은 없다

이런 생각을 참 많이도 했다.

'내가 그때 첫날 바로 경찰에 신고를 했더라면'

'내가 그때 바로 엄마에게 이야기를 했더라면'

'내가 그 때 두 번 다시 엄마 집에 방문하지 않았더라면'

'내가 그때 아빠에게 물리적으로 완강하게 저항했더라면' 하는 생각들이다.

내 마음을 자책하게 하는 말 못 한 이유가 하나 더 있다. 의사 선생님께서 한번은 굉장히 당황스러운 질문을 하셨다.

"지속적인 성폭행 가운데 혹시 본인의 의사와 관계없이 성기가 흥분했던 적도 있나요?"

나는 잠시 머뭇거리며 얕은 숨을 길게 내쉬었다.
"네, 있어요. 그런데 제가 흥분하거나 그 상황을 즐겼던 건 절대 아니에요. 저도 모르게 그냥 제 성기는 한 번 흥분했던 적이 있을 뿐이에요. 그 상황을 마주하고 싶어 하지 않았어요. 절대."
"환자분의 판단하거나 옳다 그르다를 말하는 게 아니에요. 저는 그걸 판단해도 되는 사람이 아닙니다. 제가 말씀드리고 싶은 건 지속적인 성폭행 피해자들의 대부분은 그런 경험을 조금씩 가지고 있어요. 그걸로 인한 죄책감 때문에 더 이상 어떤 다른 대책을 세우지 못하는 경우가 많아요"

선생님의 말씀이 위로되었지만, 잊어버렸던 나의 불편한 마음이 다시 수면위로 떠올랐다. 하지만 이내 스스로에게 말했다. 괜찮다. 내 잘못이 아니었다. 무릎을 치면 다리가 튀어 올라가고, 레몬을 먹으면 얼굴이 찌푸려지듯 난 그냥 인체의 반응을 경험했을 뿐이다. 그게 상대의 죄를 없애줄 명분이 될 수도, 내가 암묵적 동의를 했다고도 볼 수 없다. 난 아무것도 하지 않은 머저리였다는 생각에 스스로

많은 자책을 했고 지금도 그 모든 자책이 완전히 사라진 것은 아니다. 그래서 그대들에게 뭐라고 어떤 위로를 해줘야 할지 쉽사리 떠오르지 않는다. 오히려 나는 지금 이 책을 쓰면서 스스로 조금 위로를 받는 느낌이다.

책을 읽는 힘겨워하는 그대들에게도 이 말은 해주고 싶다. 사고로 인해 그대가 겪는 모든 힘듦의 원인 중 그대의 잘못은 단 하나도 없다고. 그러니 자책하지 말자. 그런다고 세상은 달라지지 않고 힘든 일이 일어났다는 사실이 변하진 않는다.

'그랬더라면'은 없다.

당신에겐 더 나은 선택은 없었고 지금이 최선이라고 말해주고 싶다.
열심히 버텨왔고 결국은 살아냈다고. 그거면 됐다.
오히려 자책은 더 나를 갉아먹을 뿐, 나를 더 힘들게 만들 뿐이다.
스스로의 몸을 더럽다고 여기고 함부로 대하지 말자.

내 옷에 똥물이 튀었을 뿐 내 몸이 더러운 게 아니다. 더 이상 때수건으로 몸을 빡빡 미는 행위는 그만하자. 그대는 지금도 깨끗하고 절대 더럽지 않다. 자신의 몸을 혐오하며 건강을 관리하지 않는 등 나를 사랑하지 않는 행위도 그만두자. 유일하게 우리만이 우릴 위로할 수 있다. 세상에서 아무도 위로해 주는 사람이 없어도 스스로가 스스로를 위로해 줄 때 그 힘이 가장 세다.

내 잘못이 아니다.

나는 잘 견뎠고 잘 살아내고 있다.

당신 잘못이 아니다.

당신은 잘 견뎠고 잘 살아내고 있다.

우리에게 그랬더라면은 없다.

슬픔에서 벗어날 유일한 힘

 입장을 한번 바꿔서 생각해 보자. 내 며느리가 신혼 초 자살 시도를 두 번이나 했다. 알고 보니 친정아버지에게 지속적으로 성폭행을 당했단다. 전혀 몰랐던 사실인데 이미 내 아들은 며느리와 결혼을 해버렸다. 입장 바꿔 생각해 내가 시어머니라면 정말 받아들이기 쉽지 않았을 것 같다. 남편에게 전화를 해 물었다.
 "오빠, 그때 내가 자살 시도 했을 때, 오빠가 혼자서는 더 감당하기 힘들다고 시부모님께 말씀드리러 가자고 했잖아. 그때 어떤 생각이었어?"
 "그때는 시간적으로도 내가 출근을 해야 하는데 그 시간 동안 널 돌봐줄 사람이 필요하다고 생각했어. 그런데 네가 처가 식구와는 같이 있고 싶지 않다고 해서 부모님께 내가 출근한 시간 동안 널 좀 돌봐줄 수 없겠냐고 물어볼 생각이었지."

"근데 오빠…. 사실 혹시 어머님께 그런 이야기를 하면 예를 들어 헤어지라거나, 이혼하라거나 그런 말씀을 하실 거란 예상은 못 했어?"

"그것도 생각했지. 그런데 우리 부모님은 그러지 않을 거라 생각했어. 그래서 걱정 안 했어."

"아 그렇구나…. 이야기해 줘서 고마워 오빠"

우리 부부의 고백 이후 어머님은 오빠의 출근 후, 항상 나에게 전화를 걸어 안부를 물어보셨다. 자주 나와 드라이브를 해 주셨고 요즘 젊은 애들이 좋아한다는 카페에도 데려가고 커피도 사주셨다. 가끔 같이 쇼핑도 갔고 비싼 패딩도 선물해 주셨다. 덕분에 어머님과 그 패딩을 입고 코가 시리도록 추운 겨울 새벽기도를 함께 다녀오기도 했다. 어머님 아버님께서는 그 힘듦의 시간을 새벽부터 함께 해주셨다. 요즘도 아버님은 가끔 책을 추천해서 빌려주신다. 그럼 나는 오랜 기간 그 책을 읽고 묵상한다. 그리고 짧게나마 책에 대한 내 의견을 작은 종이에 작성해 책 사이에 꽂아 아버님께 돌려드린다. 일종의 시아버지과 나만의 펜팔이다. 한 권 읽는데 시간은 꽤 걸리지만 어떤 마음으로 나에게 이 책을 권해주셨을까 많이 생각해 보게 된다. 그러면서 시아버지의 사랑을 많이 느낀다.

결혼 초부터 나에게 아빠다운 아빠가 있으면 좋겠다고 생각했다. 그래서 첫마디부터 '아버님'이 아닌 '아버지'라고 불렀다. 조금 예의에 어긋날지도 모르겠다. 그저 아버님을 친아버지로 생각하고 싶은 내 욕심이었을지도 모른다.

물론 힘든 점은 없냐고도 다들 물어본다. 없다고는 말 못 한다. 시아버지가 계시니 한여름에도 짧은 반바지에 노브라 차림이 불가능하다. 브래지어를 꼭 착용하고 무릎까지 오는 잠옷을 입고 돌아다닌다. 게다가 시댁 에어컨이 오래되어서 에너지 효율이 높지 않아 하루 종일 틀어둘 수도 없다. 속옷 사이로 땀이 줄줄 흐른다. 남편과 올해는 진지하게 에어컨을 무풍으로 바꿔드릴까, 진지하게 이야기도 나눴다. 퇴근하고 늦게 오면 밤늦게까지 밥을 먹었는지 걱정하며 기다리시는 어머님을 보면 왠지 모를 죄송함이 샘솟는 불편함도 있다. 하지만 뒤집어 생각해 보자. 한여름에 편히 못 입고 있는 건 나뿐 아니라 시아버지도 매한가지이다. 에어컨은 어차피 직장에서 하루 종일 추울 때까지 틀어놓지 않는가? 퇴근하고 밥 먹었는지 물어봐 주는 가족이 있다는 게 얼마나 내가 그토록 바라던 가족이었나.

생각을 바꾸면 감사가 아닌 것도 모두 감사로 여길 수 있다. 내가 시부모님과 인연이 되어 새 가족이 된 건 정말 하나님의 축복이다. 이보다 더 시집을 잘 갈 순 없다. 나는 지금의 시부모님에게 감사한다.

남편도 마찬가지이다. 휴대전화로 게임을 하는 모습을 볼 때면 콧김이 눈썹 위까지 치솟는다. 청소년 아들을 키우면 이런 느낌일까? 무뚝뚝한 남편에게 감정에 공감해 주기 원할 때 공감은 커녕 어떻게든 문제를 해결하고 분석하려고 하는 남편을 보면 그만 그 입을 닫게 만들고 싶다. 하지만 생각을 바꿔본다. 남편이 휴대전화로 게임을 하느라 집안일이나 육아를 소홀히 했던가? 지금도 아이 목욕, 로션 발라주기, 약 먹이기, 기저귀 갈기, 밤잠 재우기 등 내가 허리를 부여잡고 아파할 때 하지 못하는 모든 것들을 남편이 다 해준다. 감정에 공감하지 못하는 건 그 사람의 특성이다.

하지만 공감해 주고자 매번 노력하는 그 모습 자체만으로도 나는 감사하다. 매일 꾸준히 아이의 육아에 적극적으로 임하는 것, 나의 이야기에 귀 기울이고자 들었던 이야기는 잊지 않으려고 노력하는 것, 내가 사랑하는 사람들에게 친절히 대하려고 노력하는 것. 그 모든 것들이 남편의 장점이다. 덕분에 나도 사랑을 조금씩 표현하게 된다. 사랑한다는 마음이 들 때 마음껏 사랑한다고 표현하고 남편을 존중하기 위해 언제나 남편의 의사를 묻고 따르려고 노력한다.

고맙다는 말도, 미안하다는 말도 이젠 전혀 불편하지 않다.

가까이서 당장 일상의 감사를 찾기 어려울 수도 있다. 그건 없을 수도 있고 눈에 보이지 않을 수도 있다. 혹여나, 내 주변에 사람이 없다면 사실, 타인의 불행을 보며 감사해도 괜찮다.

「내가 틀릴 수도 있습니다」라는 책에 다음과 같은 문구가 쓰여 있었다.

만나는 사람마다

네가 모르는

전투를 치르고 있다.

친절하라,

그 어느 때도.

짧은 문구가 나에게 꽤 강렬하게 다가왔다.

세상에서 나 혼자 가장 큰 전투를 치르는 게 아니구나 라는 위안을 얻었다. 상대가 전투로 인한 불행을 겪는다는 사실에 위안을 얻는다는 게 좀 이기적이고 나쁜 사람 같다는 생각은 하지만 이따금 나만 이렇게 개고생을 하는 것이 아니구나 라는 걸 느끼면 내 삶에 조금은 더 감사함을 느낀다.

감정에 의연해져라

요즘 젊은 사람들 사이에서 꽤 서핑이 유행을 타고 있다. 서핑은 파도를 이용해 보드를 타고 파도 속을 교묘히 빠져나가며 즐기는 스포츠이다. 서핑을 타는 데 가장 중요한 장비가 두 가지가 있다. 바로 서핑보드와 리쉬코드이다.

서핑보드 (Surfboard)는 서핑을 시작할 때 가장 필요한 장비이다. 보드의 크기, 모양 두께는 개인의 실력과 파도의 조건에 따라 선택하게 된다. 리쉬코드(Leash)는 보드와 서퍼를 연결하는 중요한 안전 장비이다. 이는 서퍼가 보드에서 떨어져 보드를 잃어버릴 경우 보드가 멀리 떠나지 않도록 보호하는 긴 줄이다. 리쉬코드 또한 보드의 크기에 맞게 선택해야 한다.

우리의 감정선은 서핑과 마찬가지다. 타기 싫을 수 있지만 우린 어쩔 수 없이 생존자가 되는 순간부터 파도를 타는 서퍼가 되었다. 잘 타든 그렇지 않든 다리에 리쉬코드를 연결한 채 서핑보드에 올라타 파도를 가로지르고 있다.

파도의 크기가 높고 낮음이 다양하듯 우리의 불안감이나 우울함, 재경험의 괴로움도 그 높고 낮음이 다양하다. 그리고 언제, 어떻게, 무슨 모양으로 다가올지 아무것도 모른다. 그래서 늘 준비가 필요하다. 감정의 파도에서 넘어지지 않기 위한 서핑 포지션이 필요하다. 일반적으로 파도를 따라가기 시작하면, 무릎을 약간 구부리고 몸을 일으켜 일어서는 것이 중요하다. 다시 말해 감정의 파도를 탈 때 준비 자세는 내 감정을 안정상태에 놓이게 한 다음 다가오는 감정을 천천히 마주하는 것이 감정의 파도를 잘 지나가는 방법이다.

예를 들면 오늘 저녁에 외출을 할 텐데 가해자의 동네와 가까운 곳이다. 그러면 안전 장비가 필요하다. 혼자 가지 않고 가까운 친구들과 함께 간다. 내가 오늘 이런 상황이니 너희들이 있으면 든든할 것 같다고 미리 리쉬코드를 다리에 채워놓는 거다. 언제 어딜 이동하는 내 옆에 있어 달라는 당부이기도 하다. 그리고 막상 만나면 불안이나 호흡곤란 증세가 올 수도 있으니 미리 상비약도 챙겨가거나 하나 먹고 나가는 것도 또 다른 리쉬코드다. 그러면 정말 마주쳤을 때 내가 느끼는 감정의 요동이 조금 적을 것이다. 하나 더 예상해서 뻔뻔하게도 그 가해자가 나에게 말을 걸 때 어떻게 대처할지 생각하는 거다. 어렵게 하지 말고 한 문장만 백번 연습해 가자.

"난 당신과 할 말이 없어요."

단호하고 낮은 톤의 어조로 백번만 연습해 가면 그 자리에서 훨씬 당당한 자신의 모습을 볼 수 있을 테다. 사실 그 말을 실제로 하게 될 가능성은 매우 희박하다. 나의 혹여나 다가올 큰 파도를 위한 리쉬코드인 셈이다. 이렇게 서핑보드와 리쉬코드를 모두 챙겼다면 이제 파도를 타러 나가도 무섭지 않다. 나는 그 파도를 잘 건널 것이고, 설령 파도에 깨져 넘어지더라도 리쉬코드를 따라가면 내 보드를 찾아낼 수 있을 테니까.

나도 아직 감정의 서핑을 타는 데 있어 매우 초보자이다. 그래서 사실 예상치 못한 상황들에 대해 예측할 수 있는 능력이 전혀 없다. 하지만 어쩌다 갑자기 예상치 못하게 내가 다시 보드에서 떨어져 바다에 빠진다고 해도 나는 다시 일어설 궁리를 할 것이다. 보드가 보이지 않을 만큼 깊거나 멀리 휩쓸리지 않도록 발장구를 치는 방법, 넘어지면서도 보드에서 멀어지지 않는 방법, 보드가 휘청일 때 내가 먼저 엎드린 자세로 보드를 지키는 법 등 온갖 방법을 동원하여 더 깊이 빠지지 않는 방법을 찾기 위해 고민하고자 한다. 독자분들도 여러분들만의 방법으로 버틸 수 있으면 좋겠다. 넘어지지 않을 순 없으니 잘 넘어지고 다시 잘 일어서는 방법을 찾아보길 바란다.

생존자는 모두 죽을 때 까지 서핑을 할 예정이다. 한 번만 있을 일도 아니다.

몇 년 안에 멈출 서핑도 아니다. 수천 번, 수만 번도 마주칠 파도이니 우리 이젠 다양한 감정들이 조금씩 의연해져 보도록 하자.

불안해.
내가 불안하구나.
불안할 수 있지.
불안해서 힘드네.
근데 지나갈 거야.
마음이 너무 공허해.
모든 걸 다 잃은 것 같아.
그런데 일시적인 감정이야.
이 감정을 극복하고 난 이후엔 공허함을 채울 수 있는 다른 것들은 뭐가 있지?

　모든 감정은 당장은 나를 휩싸고 흔들고 있지만 언젠가 지나가는 파도에 불과하다. 서핑도 자주 타는 사람과 오래 타는 사람이 초보보단 덜 넘어지지 않을까? 우린 지금 초보니까 넘어지는 게 당연하다. 넘어지지 않는 방법을 궁리하지 말고, 잘 넘어져서 다치지 않는 방법을 공부하자. 넘어진 후 리쉬코드를 잡고 내 보드를 잘 찾아오는 연습을 하자. 원래의 내 일상으로 다시 돌아오는 연습을 하자.

생존자에게 묻다

Q: 친척(가족)에게 성폭행을 당했어요. 어떻게 해야 하나요?

우선, 다시는 그런 일이 발생하지 않도록 적극적으로 도망가셔야 합니다. 반드시 가족 친지 눈치 보지 말고 도망가셔야 합니다. 그렇지 못했던 걸 가장 후회됩니다. 돈 없이 살더라도 피폐하지 않게 살아야 하지 않을까요? 경찰서 신고는 나중 문제고 「성폭력상담소」에 전화를 해서 도움을 청하는 것도 괜찮은 방법입니다.

본인이 신고할지 하지 않을지 당장 정하지 않아도 좋습니다. 왜냐하면 신고를 한다는 건 가족과의 연을 끊을 수도 있는 최악의 상황이 발생할 수도 있다는 걸 염두에 둬야 하기 때문입니다. 하지만 적어도 증거는 남겨 놓는 게 좋습니다. 사람은 시간이 지나면 잊혀지게 되지만 증거는 동일하고 변하지 않습니다. 그러니 그날 입은 옷, 속옷, 그 당시 주변 이불, 만일 가해자가 피임 기구를 썼다면 그것마저 챙겨두는 게 좋습니다. 신고하고 싶을 때 신고할 수 있도록 말이죠. 당장 어떤 것을 결정하지 않더라도 증거물은 시간이 흐를수록 채취 시 정확도가 떨어집니다. 정신이 없는 걸 이해하지만 물적 증거가 아닌 증인이나 통화 녹음, 주고받은 연락 속 성폭행의 정황 등이 남겨져 있지 않다면 신고 여부를 조금 빨리 결정하길 바랍니다. 하지만 혼자는 힘들 수 있습니다. 사람이 당황스럽고 두려울 땐 합리적으로 두뇌가 돌아가지 않습니다. 이땐 전문 기관을 적극 활용하는 걸 권합니다. 자신의 지역에 있는 성폭력상담소나 해바라기센터를 이용하는 것도 방법입니다.

신고가 필요할 땐, 여성 긴급전화(1366)를 이용하는 것이 좋으며 상담이나 지원이 필요할 땐, 한국성폭력상담소, 한국여성의전화 등을 이용하는 것을 권합니다. 상담이나 의료, 법률, 수사 지원까지 한 번에 원스톱으로 제공하는 곳을 원할 경우 '해바라기센터'를 추천해 드립니다. 이는 본인의 거주지역에서 가장 가까이 있는 센터에 연락하시면 도움을 받을 수 있습니다. 특히, 아동 및 청소년 피해자의 경우는 해바라기센터의 도움이 클 것으로 예상됩니다. 전문 기관의 도움을 얻는다고 본인의 의사와 상관없이 바로 경찰서에 신고하진 않습니다. 형사고소 또한 시간과 에너지가 들 뿐만 아니라 신고한 후 똑같은 말을 얼마나 반복해야 할지 상상할 수도 없으며 민사소송도 매한가지입니다. 게다가 본인의 경제적인 부분도 소송에 영향을 미치기 때문에 결국 본인이 결정을 내려야 할 사항입니다.

전문 기관에 방문 혹은 전화를 하게 되면

"지금 당장 신고를 하고 싶진 않아요" 라거나

"당장 생식기 쪽이 너무 아파서 치료받고 싶어요"

등 지금 본인이 원하는 바를 먼저 명확하게 전달하는 것이 좋습니다. 아무 걱정 하지 않아도 됩니다. 그들은 철저히 우리 편입니다.

혹 다른 어떤 도움보다 신체적 통증으로 병원에 가고 싶다면 바로 산부인과로 가는 것도 방법입니다. 산부인과와 정신과가 함께 있는 종합병원의 응급실을 통해 들어가면 응급상태로 분류되어 신속하고 빠르게 협진 또한 가능합니다. 본인의 현재 생식기 상태를 관찰 후 치료할 수도 있고, 예기치 못한 임신이 되었을 경우를 확인할 수도 있습니다.

산부인과 진료 시작 전에는 '성폭행당하고 온 거라 조금 무서워요.'라고 한 번 더 이야기 해주세요. 간호사 선생님께서 조금 더 세심하게 도와주실 거예요.

곧 죽어도 신고하고 싶지 않다고 해도 수천 번 이해합니다. 저도 그랬으니까요. 쉬운 일이 아니고 상상만으로도 무서운 일이니까요. 그렇지만 뒤늦게 후회하고 싶지 않다면 일단 증거는 남겨두라고 권해드립니다. 저의 경우는 육하원칙에 맞게 시간, 장소까지 구체적으로 일어난 사실들을 기록해 두었습니다. 그리고 만난 날의 대화를 녹음해 두기도 했습니다. 사용할 일은 없었지만요. 결정을 지금 해야 하는 것은 아닙니다. 공소시효는 10년 입니다.

Q: 성폭행을 당한 지 기간이 좀 지났어요. 그렇지만 너무 힘들어요.

먼저, 그 기간 동안 힘들었을 당신에게 정말 견뎌온 게 대단하다는 말씀을 전하고 싶습니다. 그리고 생존자로 살아 계셔주셔서 다행입니다.

본인이 스스로 수면장애 혹은 섭식장애나 일상이나 직장생활의 어려움을 겪고 있다면 의료진의 도움을 받아야 할지도 모릅니다. 이런 것뿐만 아니라 하루 종일 울거나, 불안·초조함으로 가만히 있지 못하는 등의 본인이 불편한 다양한 증상들도 포함입니다. 정신과 혹은 정신과가 있는 종합병원으로 가는 걸 추천 드려요. 물론 요즘 초진은 예약을 해야 다들 진료를 받아주니 전화로 초진 예약을 먼저 하시길 추천합니다. 병원에 대한 알 수 없는 불안함이 있을 수도 있으니 병원에 가면 무엇이 어떻게 진행되는지 간략하게 안내해 드릴게요.

입원 병동이 없는 일반 정신건강의학과를 방문하게 되면 다른 진료과목과 마찬가지로 초진이면 접수증을 작성하고 신분증을 보여드립니다. 여기서 보여드리는 신분증은 건강보험 도용의 문제 때문이지 그 이외의 목적은 전혀 없어요. 내과에 가도 똑같은 절차를 거칩니다. 최근 법이 바뀌었기 때문입니다. 그렇게 접수를 하고 나면 우울 불안 척도 검사지를 주십니다. 검사실에서 혹은 대기실에서 해당 검사지를 작성하게 되는데요, 그렇게 어렵지 않고 해당 항목에 솔직하게 체크하기만 하면 됩니다. 그 이후 본인 순서가 되면 들어가셔서 말씀하시면 됩니다. 첫마디만 연습해 가시면 돼요. 저는 첫 마디가 가장 어려웠어요.

"ㅇㅇㅇ에게 성폭행을 당했어요. 가슴에 손을 넣고 강제로 입을 맞췄어요."

자기만의 이야기가 있을 거예요.
한마디로 만들어서 연습해 보세요.
길지 않게요.

이후 다른 이야기는 의사 선생님의 질문에 따라 차근차근 해나가시면 됩니다. 병원은 그대에게 평안함을 주기 위해 노력하는 곳이지 그대에게 정신질환의 프레임을 씌우는 곳이 아니에요. 걱정하지 않으셔도 됩니다.

그렇게 힘들게 찾아간 병원에서 대화를 주고받을 때, 나와 맞지 않다고 생각하면 더 이상 그 병원이 아니어도 됩니다. 다른 병원을 찾아다니며 나와 성향이 맞는 혹은 병원을 찾는 것도 하나의 방법입니다. 내가 마음이 편한 곳을 선택하세요.

Epilogue

지난 10년간의 가슴 아픈 스토리를 책으로 써보라는 작가님의 권유를 받은 후 세 번의 해가 바뀌었다. 나 같이 상처받은 사람이 분명 있을 거라고, 그들에게 힘을 주는 사람이 될 수 있다곤 했지만, 나에게 책을 쓸 충분한 이유로 다가오진 않았다. 지난 3년 동안 책을 쓸 수 없는 나름의 세 가지 이유가 있었다. 첫 번째는 책을 쓰라는 작가님의 권유가 내 이야기로 책을 팔아 돈을 벌라는 뜻인 거 같아 마음이 불편했다. 두 번째는 지난 10년을 되돌아 볼 엄두가 안 났다. 세 번째는 글쓰기에 자신이 없어서 꼬리를 내렸다. 책 쓰기 권유를 받을 때마다 이런저런 핑계로 평생을 미룰 작정이었다. 그러다 문득 책 출간을 결심했다.

일주일에 한번이었던 정신과 상담치료가 두 번이 되고, 세 번이 되고, 네 번이 되었다. 이전 같았으면 벌써 포기 하거나 도망쳤을 텐데 이번엔 달랐다. 마지막 자살시도가 또 다시 실패로 끝나면서 알게 되었다.

나는 죽고 싶지 않았다.

죽고 싶은 게 아니라 자살을 시도하는 행위에 대한 충동일 뿐이었다. 칼을 들고 손목을 긋기 전, 심장이 미친 듯 뛰고 그 심장의 속도가 머리 끝 부터 발끝까지 쿵쾅거리는, 말로 표현하기 어려운 엄청난 상태-그 순간 내가 살아있음을 또렷이 느낄 수 있기에-에 대한 충동일 뿐 죽고 싶은 게 아니었다. 아무튼 이 사실을 깨닫고 난 뒤 치료에 대한 나의 태도가 바뀌었다. 적극적인 치료 참여가 나에게 자신감을 심어준 걸까? 책을 쓰기로 결심한 후 정신과 선생님께 이 사실을 말씀드렸다. 선생님께서는 한 가지 조언을 주셨다.

"책을 쓰고 싶은 '나만의 목적'을 찾는 게 중요해요."

상담을 마치고 집으로 돌아오는 길에 한참을 생각했다. 나는 책을 왜 쓰고 싶은 걸까? 3년이란 시간동안 고민을 하다가 오늘에서야 책을 쓰는 결심이 생긴 이유는 뭘까? 운전 중 고민을 하다가 작가님께 목적을 찾았다고 말씀드렸다.

"저 책을 쓰는 목적을 찾았어요. 저와 같은 아픔이 있는 사람들에게 공감대를 형성해 주고 싶어요."

"좋네."

그녀와 오래 같이 지내다 보니 알게 된 점이 있다. 그녀가 좋다고 하는 뉘앙스엔 농도가 있다. 내 대답이 진짜 내 답이 아니라는 걸 그녀는 알고 있었다. 내가 아직 좀 더 명확한 목적을 찾지 못했다는 뜻이기도 했다. 다시 또 고민했다. 사실 내가 생각해도 공감대를 위한 이유만으로 책을 쓰고 싶은 것 같진 않았다. 좌회전 신호를 받아 깜빡이를 켜고 2차선에 안착하는 순간 내가 책을 쓰고 싶은 이유가 분명하게 떠올랐다.

"저 진짜 찾았어요. 내가 책을 쓰고 싶은 목적."

"뭔데?"

"저 견뎌내고 있잖아요. 이런 나를 칭찬해 주고 싶어요. 그래서 책을 쓰고 싶어요."

"우와, 너무 좋다."

이게 작가님이 진짜 좋을 때 나오는 반응이다. 작가님의 대답도 좋았고 나의 대답도 좋았다. 내가 좋았다. 스스로를 칭찬해 주고 싶다는 마음을 가진 내가 기특했다. 바닥에 있던 내 자존감이 조금씩 일어나 계단을 딛고 올라온 것 같아 뿌듯했다.

예전보다 나는 분명히 강해졌다. 아빠와 대면을 했고 엄마에게도 사실을 알렸다. 구체적으로 내가 무엇을 원하는지에 대한 저항도 할 수 있다. 싫으면 싫다고, 좋으면 좋다고 이야기 하는 것도 나아졌다. 내 불편한 마음을 누구보다 빨리 내가 안다는 사실도 알아차릴 수 있다. 일상에서 감사를 표현하는 능력도 생겼다. 남편에게 아들에게 시부모님께 나를 응원해 주는 많은 사람들에게 고맙고 또 고맙다. 나도 그들에게 고마운 사람이 되어 보고 싶은 욕심이 생긴다. 타인의 말에 너무 깊게 생각하지 않고 있는 그대로 받아들이는 여유도 생겼다. 누군가에게 강해보이려고 노력할 이유도 사라졌다. 웃지 않거나 말을 하지 않거나 내 부족함을 들킬까 초초해 하지도 않는다. 부족한 부분이 있으면 부끄러워하지 않고 도움을 요청한다. 웃고 싶으면 웃고 하고 싶은 말이 있으면 실없는 소리 같아도 그냥 한다. 건강해졌다. 마음이 건강해졌다. 내일은 더 건강해 지고 싶다. 상담을 공부하고 전문가가 되어 나와 같은 지옥에 사는 누군가에게 힘이 되어 주고 싶은 마음도 생겼다. 그 날이 기대된다. 그래서 이 책을 쓰고 있는지도 모른다.

예전 일을 떠올리면 여전히 싫다. 하지만 고통의 농도는 얕아졌다. 재경험이 이어질 땐 5분전 일어난 것 같은 기분도 들지만 그렇지 않을 땐 아주 예전 일 같이 느껴지기도 한다. 엄마와 동생과 이야기를 나눌 수도 얼굴을 마주칠 용기도 생겼다. 숨어버리거나 회피하고 싶은 마음도 줄어들었다. 이 사실을 꽁꽁 숨겨왔던 20년 지기 친구들에게도 얼마 전 남 일 이야기 하듯 후루룩 커밍아웃을 했다. 친구들에게 책을 쓸 거라고도 이야기했다. 남들의 시선에 자유로워졌다고나 할까?

될 대로 되란 식이 아니라 세상 앞에 좀 더 당당해졌다. 죄책감이 줄어 들었다. 내 잘못이 아님을 안다.

지금도 글을 쓴다는 건 쉽지 않다. 내 노트북 왼쪽에는 커피와 안경집, 오른쪽엔 뚜껑이 채 닫히지 않은 필요시 복용 약이 함께하고 있다. 어떤 특정 내용을 쓸 땐 그 순간이 어제처럼 세세하게 떠올라 약의 도움이 절실히 필요하다. 하지만 이렇게라도 글을 써서 고생한 나를 칭찬해 주고 싶은 경지에 이르렀다는 것에 대만족이다. 이제 세상을 향해 좀 더 당당한 한 발짝을 내딛는 것 같다. 퇴고를 위해 몇 번이나 내 삶을 읽어보니 이 정도 인생이면 내 인생의 지랄 총량은 이미 넘어선 것 같다는 생각도 들었다. 이보다 더 끔찍한 일은 이제 일어나지 않음에 분명하다.

당신도 그랬으면 좋겠다.

'고생했다. 그리고 여기까지 진짜 잘 견뎌냈어. 이젠 행복해 질 일만 남았어.'
하지만 세상엔 공짜가 없다. 당신의 행복엔 무엇보다 당신의 노력이 필요하다. 우리에게 이러난 일들이 시간이 지난다고 사라지지 않는다. 오늘의 내가 있기까지 내일의 행복을 기대할 내가 되기 위해선 가만히 웅크리고 있어서 될 일은 아무것도 없었다. 고군분투하고 전투적으로 치료받고 부딪혀야 가능한 일이 아닐까라고 조심스레 말을 건네고 싶다. 당신의 상황을 모르기에 더 조심스럽게 건네고 싶지만 그럼에도 우리에겐 희망이 있다. 당신이 이 페이지를 읽고 있다면 당신에겐 그럴만한 충분한 힘이 있다는 분명한 증거다.

이제 행복할 일만 남았다.

우리는 행복해질 권리가 있다.

우리에게 그랬더라면은 없다 _ 좋은 일이 생길 거에요

- 지은이 | 이 화

- 펴낸곳 | 도서출판 문장

- 강의 및 상담 | lisashin@naver.com

- 발행일 | 2024년 12월 12일

- ISBN | 979-11-990303-0-5 (03810)

- 무단 전제와 복제를 할 수 없습니다.

- 이 책은 한국출판문화산업진흥원이 후원한 〈중소출판사 성장도약 제작 지원〉 사업을 통해 제작하였습니다.